Dekorieren und Gestalten mit Naturmaterialien

Elke Dommershausen
Heike Grob
Jane Hase
Claudia Hüfner
Hedwig Sinner
Doris Velte
Sigrid Wetzel-Maesmanns

Dekorieren und Gestalten mit Naturmaterialien

FALKEN

INHALT

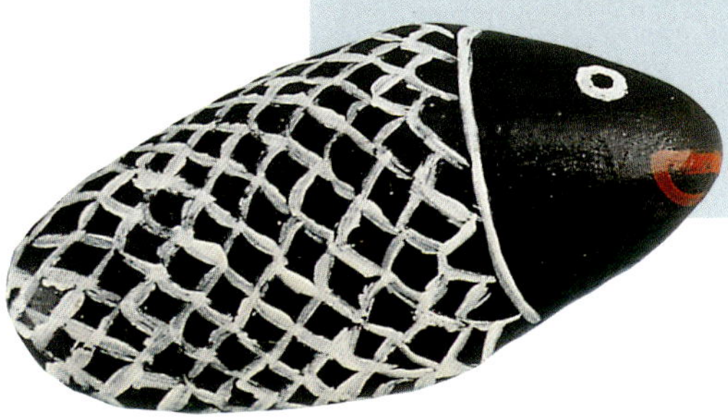

VORWORT

Die Kunst, schöne Dinge aus Naturmaterialien zu gestalten, hat eine lange Tradition. Bereits unsere Großeltern banden Trockenblumensträuße, flochten Lavendelkörbchen und fertigten Erntedankgirlanden an. In diesem Buch werden die klassischen Arbeiten ebenso vorgestellt wie völlig neue Dekorations- und Geschenkideen. Neben individuellem Tisch- und Fensterschmuck finden Sie auch witziges Spielzeug und hübsche Fenstergebinde sowie Verpackungsvorschläge aus umweltfreundlichen Materialien.

Die Beispiele in diesem Buch sind von sehr unterschiedlichem Schwierigkeitsgrad: Während manche Objekte schon von Kindern oder unerfahrenen erwachsenen Bastlern angefertigt werden können, braucht man für andere Dinge etwas mehr Geschick oder viel Geduld.

Es gehört zu der Eigenart von Naturmaterialien, daß sie oftmals ausschließlich zu bestimmten Jahreszeiten zu erhalten sind. Das Buch ist deshalb in die Hauptkapitel Frühling, Sommer, Herbst und Winter unterteilt, gefolgt von einem Kapitel mit Geschenkideen fürs ganze Jahr sowie von originellen Verpackungsvorschlägen. Viele der verwendeten Dinge können Sie selbst sammeln oder züchten, anderes gibt es in Hobby-, Heimwerker- oder Blumenläden zu kaufen. Der Materialkalender am Schluß des Buches erteilt hierüber zusätzlich detailliert Auskunft.

Ein besonderer Reiz natürlicher Materialien: Sie sind vielfältig, ihre Formen sind nicht genormt, man kann die Dinge fühlen, riechen und manchmal auch schmecken. Zahlreiche Objekte wirken nur durch die Schönheit eines graziös gebogenen Farnwedels, einer bizarren Schote oder einer außergewöhnlichen Blüte. Andere Teile verströmen einen angenehmen Duft, der die ganze Wohnung eine Zeitlang in Urlaubs- oder auch Weihnachtsstimmung taucht.

Lassen Sie sich von diesem Buch dazu anregen, Dinge, an denen Sie vor kurzem noch achtlos vorbeigegangen sind, wahrzunehmen und als Gestaltungselement zu nutzen, neue Zusammenstellungen auszuprobieren und auch die Schönheit traditioneller Arbeiten wiederzuentdecken. Für alle, die gern mit individuellen Sachen sich und anderen eine Freude bereiten, wird das Buch Fundgrube und Ideensammlung sein, das man immer wieder durchblättert, um Teile daraus nachzuarbeiten oder um Vorschläge, Tips und Anregungen zu erhalten.

FRÜHLINGSZAUBER

BLÜTENPOTPOURRIS

Dekorativ in Szene gesetzte Blütenpotpourris verströmen liebliche Düfte nach Maiglöckchen, Flieder, Rosen und Veilchen und bringen so den Frühling ins Haus.

Die zwei auf diesen beiden Seiten gezeigten Potpourri-Arrangements werden nach derselben Grundanleitung hergestellt. Sie unterscheiden sich jedoch im Duft und in der Art der Blütendekoration.

GRUNDANLEITUNG

■ Für ein Potpourri die getrockneten Blüten und Blätter in einer Schüssel miteinander vermengen. Besonders schöne Blüten gesondert zum Dekorieren aufheben.

■ In einer anderen Schüssel eine Gewürz-Fixativ-Mischung herstellen: Für eine Menge von ungefähr 2 Litern Blüten je 3 Eßlöffel Zimt und Muskat mit je 2 Eßlöffeln Veilchenwurzelpulver und Benzoeharz vermischen. Mindestens 20 bis 25 Tropfen des gewählten Duftöls hinzugeben und wieder alles miteinander vermengen.

■ Die Blüten mit der Gewürz-Fixativ-Mischung vermengen und dann in ein verschließbares Gefäß füllen, wo sie rund 4 Wochen lang reifen müssen. Anschließend das geschlossene Gefäß alle 2 bis 3 Tage schütteln, damit sich die Bestandteile des Potpourris miteinander vermischen.

DUFTSCHATULLE

In den Fächern und Schubladen der Schatulle mit dem Rosendekor befinden sich jeweils unterschiedliche Potpourris, die alle anders duften. Je nachdem, welche Schublade man aufzieht und an welchem Fach man schnuppert, riecht es nach Rosen, Lavendel, Maiglöckchen oder Veilchen. Alle Düfte zusammen vereinen sich zu einer zarten Frühlingskomposition.

■ In dem großen Schatullenfach oben befindet sich ein Potpourri aus Rosenblüten und -blättern (Rosenöl).

■ Die beiden kleineren Fächer links und rechts daneben enthalten eine Duftmischung aus Lavendelblüten (Lavendelöl).

■ Die Schublade unten links ist in den Farben Weiß und Gelb gehalten und mit einem Potpourri aus vielen unterschiedlichen Blüten und Blättern gefüllt (Maiglöckchenöl).

■ Die Schublade daneben enthält Dufthölzer und Blütenblätter von Veilchen, Freesien und anderen Frühlingsblumen (Veilchenöl).

BLÜTENTELLER

■ Auf die ganze Fläche eines großen, dekorativen Tellers ein Potpourri aus Lavendelblüten (Lavendelöl) gleichmäßig verteilen und glatt streichen. In die Mitte ausgesuchte getrocknete Rosenblüten setzen.

■ Innen am Tellerrand entlang ein Potpourri aus Rosenblüten und -blättern sowie mehreren verschiedenen Frühlingsblumen legen (je 5 Tropfen Rosen-, Maiglöckchen- und Veilchenöl verwenden).

DAS BRAUCHEN SIE

getrocknete Blüten und Blätter von Frühlingsblumen (zum Beispiel von Rosen, Veilchen, Maiglöckchen, Flieder, Lavendel, Schleierkraut oder Freesien), ausgesuchte getrocknete Blüten und Knospen, gemahlenen Zimt, Muskat, Veilchenwurzelpulver, Benzoeharz, reine ätherische Duftöle (Duftnote Maiglöckchen, Veilchen, Lavendel, Rose oder andere Frühlingsdüfte), Schüssel zum Mischen der Blüten, verschließbares Gefäß, Eßlöffel, Papp-Schatulle, dekorativen Teller

VALENTINSTAG

Der Valentinstag ist der Tag der Verliebten. Zu diesem Anlaß läßt sich mit Blumen mehr ausdrücken als mit tausend Worten. Nach wie vor sind für „sprachlose" Botschaften Rosen am besten geeignet.

Ein kleines am Valentinstag überreichtes Geschenk zeigt, daß man an den anderen gedacht hat. Etwas Persönliches sollte es sein wie zum Beispiel eine Fotografie von ihm oder ihr in einem aparten Holzrahmen. Oder möchten Sie lieber etwas Romantisches verschenken wie ein Herz aus lauter roten Rosen? Diejenigen, die an diesem Tag in der Ferne weilen, freuen sich sicher auch über einige liebe Zeilen auf einem mit Rosenblüten verzierten Brief.

ROSENHERZ

- Auf einen großen Hartschaumblock ein halbes Herz mit der Scherenspitze so einritzen, daß eine lange Seite des Blocks die Herzmitte bildet. Diese Herzhälfte mit einem Küchenmesser an den Konturen entlang ausschneiden. Das Messer dabei senkrecht führen **(Abb. a)**.
- Die ausgeschnittene Herzhälfte genau in der Mitte waagerecht teilen **(Abb. b)**.
- Die zwei Herzhälften auseinanderklappen und 5 Zahnstocher entlang der Innenseite einer Hälfte einstechen. Die Zahnstocher dabei nur bis zur Mitte in den Hartschaum drücken. Anschließend beide Herzhälften zusammenpressen **(Abb. c)**.
- Die Stiele der roten Rosen jeweils bis ca. 2 cm unterhalb des Blütenkopfes abschneiden und einige abgezupfte grüne Rosenstielblätter bereitlegen. Nun so viele Rosenblüten eng nebeneinander in den Hartschaum stecken, bis das ganze Herz rundum bedeckt und der Hartschaum nicht mehr zu sehen ist **(Abb. d)**. Dann einige grüne Stielblätter zwischen die Blüten stecken.
- Das fertige Rosenherz auf einen mit frischem Wasser gefüllten Teller oder in eine flache Schale legen.

ROSENBRIEFPAPIER

- Einzelne rote Rosenblütenblätter und grüne Rosenstielblätter jeweils zwischen zwei Lagen saugfähiges Papier legen, mit einem Buch beschweren, und mindestens zwei Tage lang ruhen lassen.
- Die getrockneten Blätter zu Motiven wie Blüten oder Blumenranken auf dem Briefpapier anordnen und vorsichtig festkleben.

DAS BRAUCHEN SIE

großen Hartschaumblock, frische rote Rosen, Holzzahnstocher, Briefpapier, Blätter von Rosenblüten und Rosenstielen, Küchenmesser, Schere, großen Teller oder flache Schale, saugfähiges Papier wie Löschpapier oder alte Tageszeitungen, Alleskleber

a
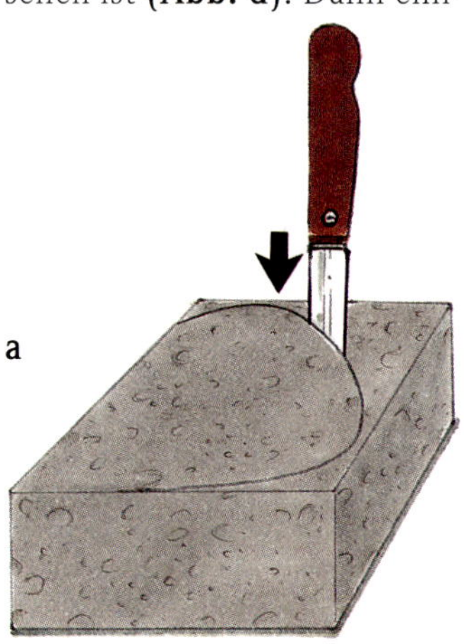

b
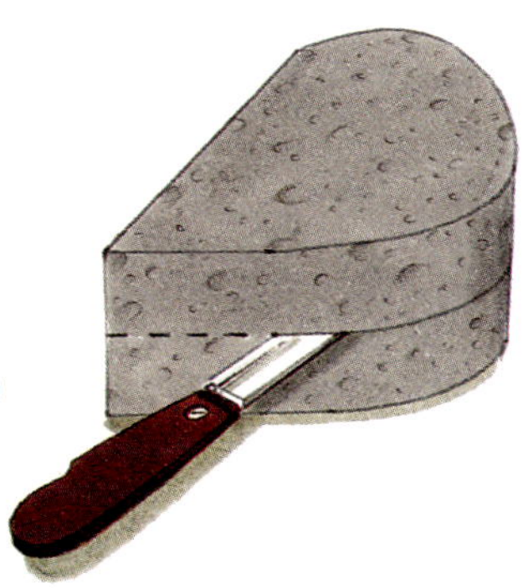

c
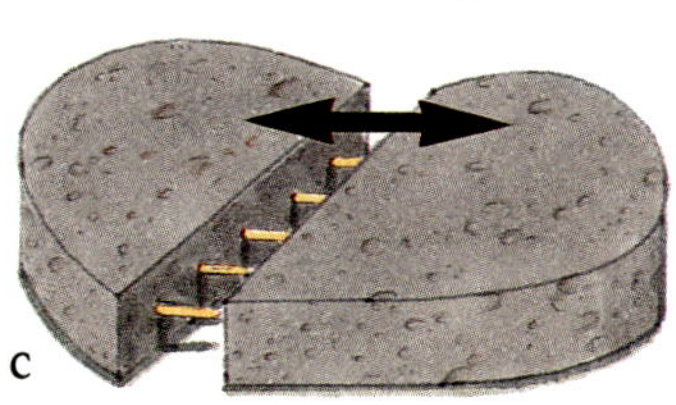

d

BUNTE EIER IM EFEUNEST

Macht optisch viel her: Dieses moosgepolsterte Efeunest ist ein Schmuck für jeden Ostertisch. Zum Färben der Eier wurden ausschließlich natürliche Farbstoffe verwendet wie Walnußschalen oder Mateblätter.

a

b

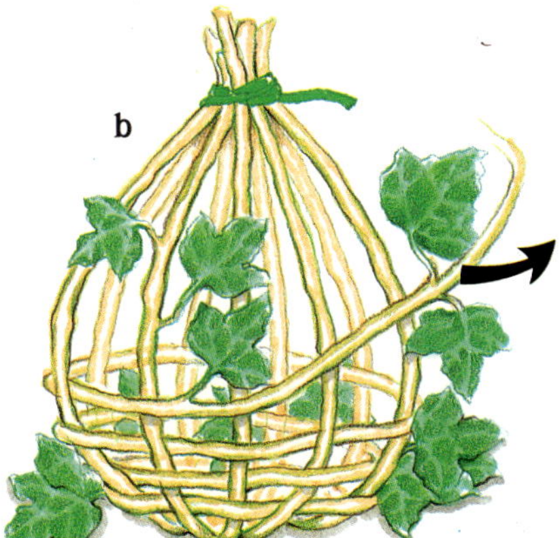

c

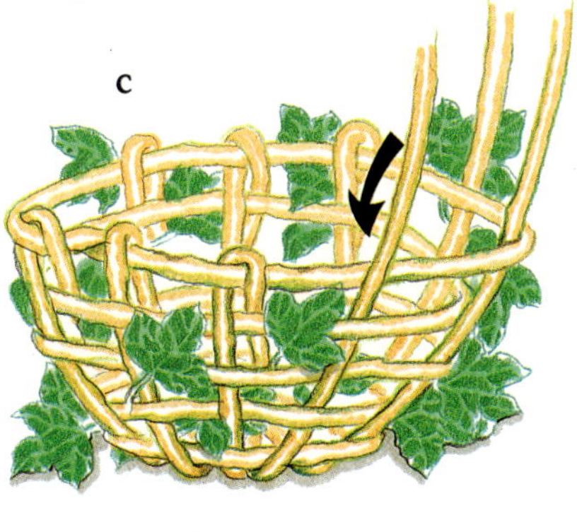

Efeulaub erhält man in Blumengeschäften. Sie brauchen dafür nicht ihre eigene Efeuranke im Garten zu plündern. Die Naturfarben für die Eier kommen größtenteils aus der Küche. Rotholz, Gelbholz und Cochenillen können Sie als Pulver in Apotheken kaufen.

EFEUNEST

- 9 blattlose Efeuranken sternförmig auslegen und in der Mitte mit Wickeldraht oder mit Bast verbinden **(Abb. a)**.
- Die oberen Enden der Stützranken mit einem Stück Bast zusammenfassen. Dann das Nest mit möglichst langen Efeuranken flechten **(Abb. b)**.
- Sobald die gewünschte Höhe erreicht ist, die Stützranken an den oberen Enden losbinden, etwas kürzen und von oben in das Geflecht stecken **(Abb. c)**. Das ist der Randabschluß.
- Mit Lappenmoos und weiteren Efeuranken sämtliche Zwischenräume füllen und das Nest auspolstern.

EIER

- Pro Farbsud etwa 25 g des Färbemittels mit einem Liter Wasser aufkochen und 15 Minuten ziehen lassen. Den Sud durch ein Teesieb gießen.
- Die Eier kochen und noch heiß in den Farbsud legen. Die Intensität der Farbe hängt von der Dauer des Färbevorgangs ab – je länger die Eier in dem Sud liegen, desto stärker wird die Färbung.
- Nach dem Erkalten die Eier mit einer Speckschwarte abreiben. Sie bekommen dann einen schönen Glanz.

d

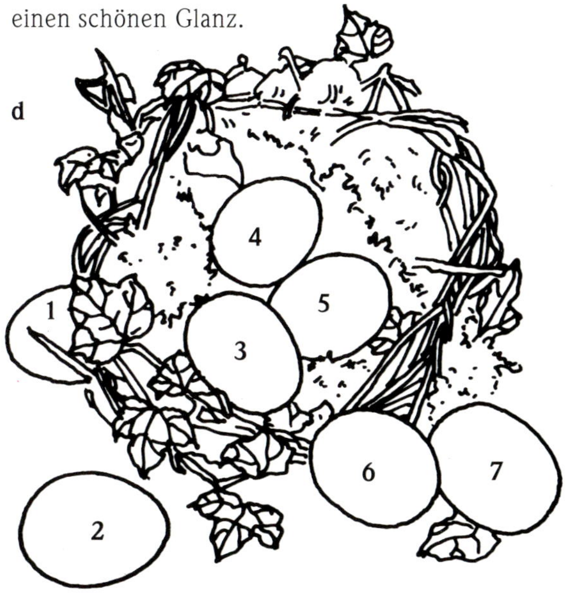

Folgende Naturfarben wurden für die Eier verwendet **(Abb. d)***:*
1+6 Gelbholz (gelb)
2+5 Rotholz (lila)
3 Cochenillen (rosa)
4 Walnußschalen (braun)
7 Zwiebelschalen (braun)

DAS BRAUCHEN SIE

Efeuranken, Wickeldraht, Bast, Lappenmoos, weiße Hühnereier, Naturfarben wie Rotholz, Gelbholz, Mateblätter, Cochenillen, Zwiebel- und Walnußschalen, außerdem Speckschwarte, Blumenschere, alten Kochtopf für das Färbebad, Teesieb

OSTEREIER MIT PFLANZENDEKOR

Sehr effektvoll und ganz einfach nachzumachen ist das Verzieren von Ostereiern in der Reservetechnik. Die Eier werden mit Blüten, Blättern oder Gräsern belegt und dann in einem Sud aus Zwiebelschalen gefärbt.

Diese originelle Verzierungstechnik, bei der ausschließlich mit natürlichen Materialien gearbeitet wird, kannten bereits unsere Großmütter. Die für das Färben notwendigen Schalen von Speisezwiebeln fallen als Abfallprodukte in der Küche an. Blüten, Blätter und Gräser findet man auf der Wiese, am Wegesrand oder im Garten.

ANLEITUNG

- Ausgewählte Blüten, Blätter oder Gräser dekorativ auf die Schale eines Eies legen. Zu lange Pflanzenstiele abschneiden. Dann ein Stück Strumpfgewebe vorsichtig über das Blattmotiv ziehen, auf der Rückseite des Eies straff spannen und abbinden.
- Für den Zwiebelschalensud etwa 1 kg Zwiebeln schälen und die Schalen in einen großen alten Topf geben. Den Topf mit Wasser füllen, etwas Salz und Essig dazugeben und die Eier hineinlegen. Schalen und Eier müssen ganz mit Wasser bedeckt sein.
- Die Eier so lange kochen, bis die gewünschte Farbintensität erreicht ist. Für ein zartes Ocker benötigt man beispielsweise 5 Minuten Kochzeit, eine dunkle Brauntönung erhalten Sie nach etwa 15 Minuten Kochzeit.
- Anschließend die Eier aus dem Topf nehmen und mit kaltem Wasser abschrecken. Die Strumpfgewebe und die Blätter von den Schalen entfernen. Die Stellen, an denen sich die Blätter befanden, treten nun deutlich als helle Muster hervor. Der Zwiebelschalensud kann für einen erneuten Färbevorgang verwendet werden.

TIP

Wer die Ostereier nicht essen, sondern lieber an den Osterstrauch hängen will, muß sie nach dem Ausblasen mit Wasser füllen und die Löcher mit Kerzenwachs verschließen, da die Eier sonst beim Färbevorgang nicht tief genug im Wasser liegen.

DAS BRAUCHEN SIE

frische weiße Hühnereier, Speisezwiebeln, Salz, Essig, frische kleine Blüten, Blätter oder Gräser, Küchenmesser, Schere, Nylonstrümpfe oder anderes feinmaschiges elastisches Gewebe, Bindfaden, großen alten Kochtopf

HEUHASE

Hasen gehören mit zu den wichtigsten Symbolfiguren des Osterfestes. Der originelle Heuhase schmückt das Osterfenster oder bewacht im Eßzimmer die Eier vor voreiligen Naschkatzen.

Seine Form erhält der Heuhase durch sein Innengerüst aus Maschendraht. Je nachdem wie Sie die Drahtteile biegen, steht der Hase aufrecht oder sitzt in typischer Hockhaltung auf seinen Pfoten.

GRUNDTEILE ANFERTIGEN

- Damit der Hase den nötigen Halt bekommt, für Kopf, Pfoten Rumpf und Ohren je ein Gerüst aus Maschendraht zurechtbiegen.
- Das Kopf- und das Rumpfgerüst mit Heu ausstopfen und anschließend alle Maschendrahtteile mit Heu bedecken. Dazu das Heu stückweise auf das Drahtteil legen und mit grünem Myrtendraht umwickeln **(Abb. a)**.

a

FORM ZUSAMMENSETZEN

- Dann die Teile miteinander verbinden. Hierfür u-förmige Klammern aus Steckdraht biegen und durch die Pfoten oder den Kopf in den Rumpf stecken **(Abb. b)**.

b

DEN HASEN AUSSCHMÜCKEN

- Die Augen aus weißem Karton ausschneiden, mit Filzstift bemalen und auf den Hasenkopf kleben.
- Für die Nase ein kleines Heubündel mit Bast umwickeln und mit kleinen Steckdrahtklammern befestigen.
- Einige Blumenstengel ins Schnäuzchen stecken: Das sind die Barthaare.
- Dann dem Hasen Geschenkband um den Hals wickeln und zur Schleife binden.

DAS BRAUCHEN SIE

feinen Maschendraht, Heu, Bast, grünen Myrtendraht, Steckdraht, Geschenkband, weißen Karton, Blumenstengel, Drahtschere, schwarzen Filzstift, Alleskleber

DUFTEIER

Diese mit Lavendelblüten beklebten Hühner- und Gänseeier sind nicht nur ein dekorativer Schmuck für den Osterstrauch, sie verbreiten auch einen angenehmen Duft.

Gänseeier bekommt man in der Regel nicht im Lebensmittelladen, sondern auf dem Land beim Bauern. Achten Sie beim Kauf der Hühnereier darauf, daß sie von freilaufenden Tieren sind, weil diese Eier eine wesentlich stabilere Schale haben als die von Hühnern in Käfighaltung.

EIER VORBEREITEN

- Vor dem Auspusten die Eier gründlich mit Wasser reinigen, bei starker Verschmutzung eventuell sogar bürsten, und gut abtrocknen.
- Dann in die Eierschalen oben und unten vorsichtig je ein Loch bohren **(Abb. a)**. Das geht mit einem Kreuzschlitzschraubendreher besonders gut, weil man mit ihm saubere runde Lochränder erhält.
- Das Innere der Eier anstechen und in eine Schüssel auspusten. Die Schalen nochmals von innen und außen mit Wasser reinigen und gut trocknen lassen.

DAS BEKLEBEN

- Die Lavendelblüten auf einen flachen Teller schütten.
- Den Alleskleber großflächig auf den Eierschalen verteilen und die Eier nacheinander in die Blüten drücken **(Abb. b)**. Den Vorgang so lange wiederholen, bis alle Schalen rundum bedeckt sind. Die Blüten zusätzlich mit der Hand andrücken. Nicht haftende Blüten abschütteln.
- Danach einige Tropfen Lavendelduftöl auf den Eiern verteilen.

AUFHÄNGUNG ANBRINGEN

- Für die Aufhängung eines Eies ein Streichholz in der Mitte entzwei brechen.
- An einer Hölzchenhälfte ein Stück Schmuckband anknoten.
- Das Hölzchen ganz in ein Loch der Eierschale schieben **(Abb. c)** und es an dem Bandende so lange zurechtziehen, bis es waagerecht sitzt.
- Anschließend das Duftei mit einer Schleife oder mit getrockneten Blüten verzieren.

DAS BRAUCHEN SIE

Hühner- und Gänseeier, frische Lavendelblüten, reines ätherisches Lavendelduftöl, Streichhölzer, Schmuckband, Kreuzschlitzschraubendreher, flachen Teller, lösemittelfreien flüssigen Alleskleber, Schere

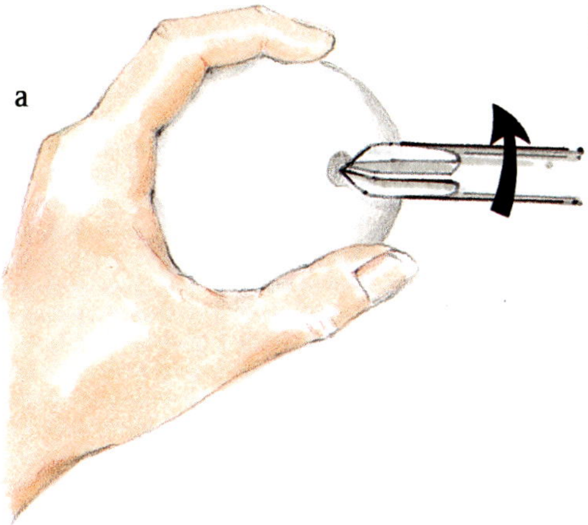
a

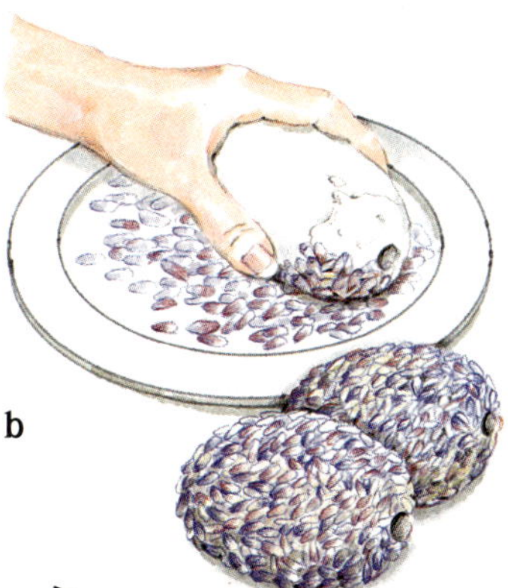
b

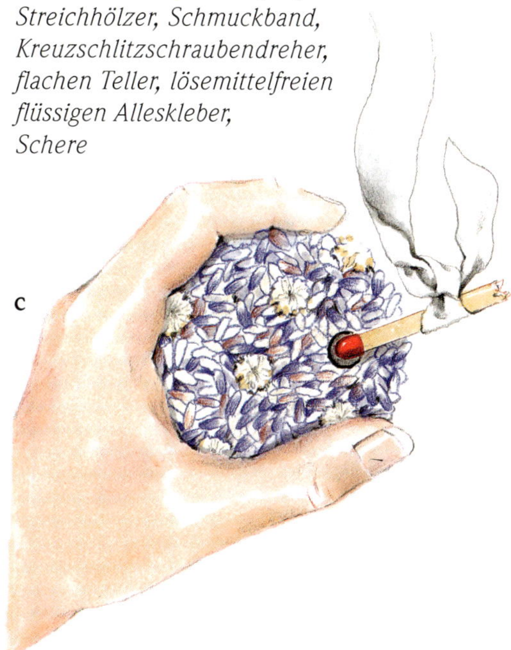
c

SOMMERGRÜSSE

Sommergrüsse

GEFLOCHTENE KÖRBE

Schöne Körbe aus Peddigrohr und Weide kann jeder gebrauchen. Äpfel und Pfirsiche, Nektarinen und Weintrauben lassen sich gut darin aufbewahren, aber auch mit Brot, Nüssen oder Plätzchen gefüllt sind Körbe ein dekorativer Tafelschmuck.

Jede der hier gezeigten Flechtarbeiten besteht aus sogenannten Staken, die das Gerüst bilden, und Flechtfäden, die um die Staken gelegt werden und so dem Teil seine Form geben. Die Größe eines Korbes wird durch Anzahl und Länge der Staken bestimmt. Peddigrohr, Peddigschiene und Weidenzweige erhält man in Hobbyläden. Diese Materialien müssen vor dem Verarbeiten mindestens eine halbe Stunde in Wasser eingeweicht werden. Kokosgarn bekommen Sie im Gartenfachhandel.

HENKELKÖRBE

■ 8 ungefähr 60 cm lange Staken bilden das Gerüst. Dafür jeweils 4 Staken über Kreuz aufeinander legen.

■ Zuerst mit Peddigschiene flechten. In den ersten 2 Runden die Peddigschiene im Uhrzeigersinn abwechselnd über und unter jeweils 4 Staken führen **(Abb. a)**.

■ Anschließend die Richtung wechseln und dann 2 weitere Runden flechten **(Abb. b)**.

■ Danach die Staken etwas auseinanderziehen und die Peddigschiene im Wechsel über und unter je einer Stake weiterführen. Außerdem eine einzelne Stake einfügen, um eine ungerade Anzahl von Staken zu erhalten **(Abb. c)**. Dadurch wird reibungsloses Flechten ermöglicht.

a

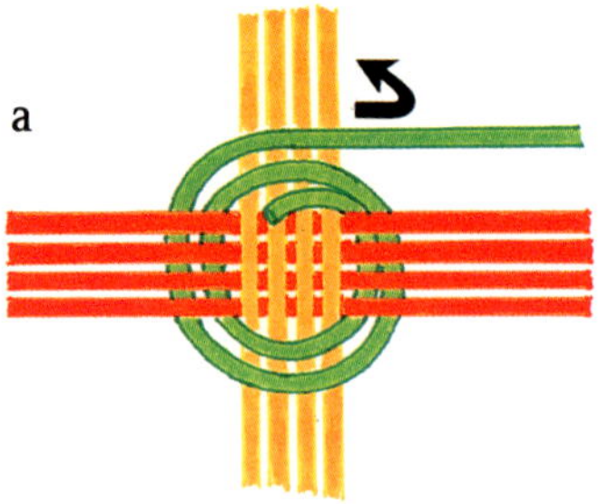

b

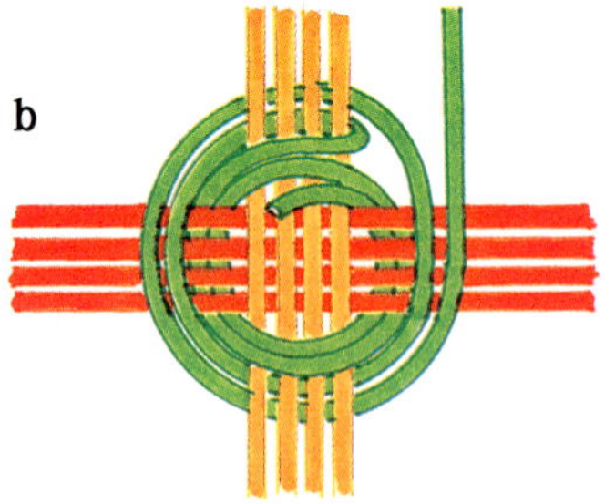

c

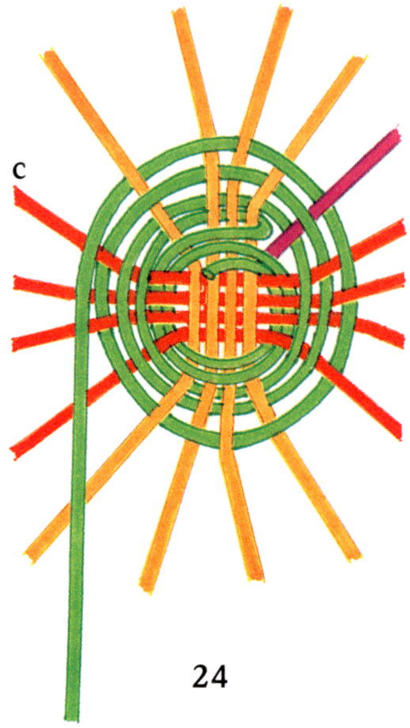

■ Etwa 10 Runden mit Peddigrohr weiterflechten. Beim Ansetzen müssen sich die Enden der Peddigrohrstücke etwas überlappen, damit sie sich später nicht lösen.

■ Wenn der Flechtkreis einen Durchmesser von 20 cm erreicht hat, ist der Korbboden fertig. Die Staken jetzt nach oben biegen und den Faden straffer führen, damit die Korbwand entsteht.

■ Auf halber Höhe wird der Korb wieder breiter. Deshalb die Staken etwas nach außen biegen und entsprechend locker flechten, bis das Teil eine Höhe von 16 cm erreicht hat.

■ Für die Griffe 3 ca. 25 cm lange Peddigrohrstücke miteinander verdrehen und 2 cm tief in die Korbwand schieben. Die Enden nach oben biegen und mit einem Stück Peddigschiene umwickeln. Überstehende Peddigschienenenden in das Randgeflecht des Korbes stecken.

■ Für den Randabschluß die über das Geflecht hinausragenden Staken einzeln von außen und innen um die beiden oberen Reihen wickeln.

RUNDKORB

Der Rundkorb wird wie die Henkelkörbe gearbeitet. Für das Gerüst benötigt man 6 Staken. Jeweils 3 Staken werden über Kreuz aufeinandergelegt, und eine weitere Stake wird nach den ersten Runden hinzugefügt.

Minikorb

Auch der Minikorb wird nach dem Prinzip der Henkelkörbe geflochten. Das Gerüst bilden 6 dünne Weidenzweige mit einer Länge von etwa 20 cm. Der Boden wird aus Weide, die Mitte aus Binsen und der obere Rand wieder aus Weidenzweigen geflochten.

Schale

■ 4 ca. 50 cm lange Weidenzweige in der Mitte etwas einkerben und sternförmig aufeinanderlegen.
■ Die Mitte des Sterns mit dünner Kordel fixieren und dabei einen fünften Zweig mit einer Länge von 25 cm einarbeiten **(Abb. d)**.
■ Das Kokosgarn im Uhrzeigersinn abwechselnd über und unter die Zweige führen und im Verlauf der Arbeit so anziehen, daß eine flache Schalenform entsteht.
■ Sobald die Flechtarbeit einen Durchmesser von 27 cm und eine Höhe von 10 cm erreicht hat, die letzten beiden Runden mit Jutegarn umnähen. Dadurch wird der Rand gefestigt.
■ Die überstehenden Weidenzweige knapp über dem Korbrand abschneiden.

d

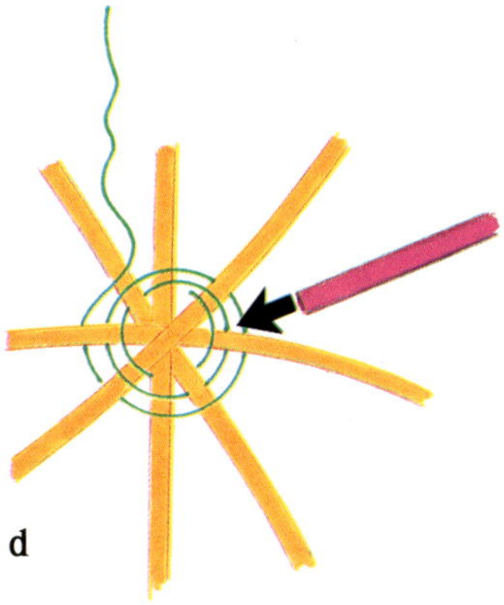

Das brauchen Sie

Peddigrohr Stärke 4 und Peddigschiene in Braun und Weiß, Weidenzweige, Binsen, Kokosgarn, Jutegarn, dünne Kordel, scharfes Messer, Stopfnadel, Schere

SONNENBLUMENGESTECK

Weiße Schafgarbe, rote Rosen, gelbe Sonnenblumen: Mit diesem farbenfrohen Gesteck holen Sie sich den Sommer ins Haus. Man kann für solch ein Arrangement die unterschiedlichsten Blumen und Gräser verwenden. Garten- und Wiesenblumen verbinden sich gut mit edlen Gewächsen aus dem Blumenladen.

Sie verlängern das Leben Ihrer Blumen um einige Tage, wenn Sie die Stiele vor dem Stecken mit einem scharfen Messer schräg anschneiden. Dadurch werden die Wasserleitbahnen der Pflanzen geöffnet, und sie können die flüssigen Nährstoffe besser aufnehmen und verarbeiten. Der Steckschwamm wird vor dem Verarbeiten in ein Gefäß mit Wasser gelegt, damit er sich vollsaugt.

ANLEITUNG

- Den in Wasser eingeweichten Steckschwamm in die Mitte des Korbes legen.
- Dann die Höhe des Gestecks bestimmen: Dazu eine besonders schön gewachsene Sonnenblume in die Mitte des Schwammes stecken. Die Blume sollte zwei Drittel der Gesamthöhe des Arrangements einnehmen, ein Drittel der Höhe ist durch den Korb festgelegt. Einzelne Gräser können die Sonnenblumen natürlich noch überragen, allerdings sollten keine anderen Blüten oder Blätter über dieser Blume angeordnet werden.
- Dann weitere 9 Sonnenblumen in die Steckmasse einsetzen und dabei darauf achten, daß sie sich gleichmäßig in verschiedener Höhe über das ganze Arrangement verteilen.
- In der Gesteckmitte eine Gruppe von ca. 10 Rosen anordnen und die Zwischenräume mit Schafgarbe, kleinen Disteln und Brombeeren füllen. Größere Blätter wie das der Aspidistra einsetzen.
- Anschließend das Arrangement mit den Blättern, dem Dill und den Gräsern ausstecken.

DAS BRAUCHEN SIE

Sonnenblumen, rote Rosen, Schafgarbe, Brombeeren, kleine Disteln, Dill, große Blätter wie zum Beispiel Aspidistra oder Anthurie, Gräser und Farne, Steckschwamm, Weidenkorb, Blumenschere, Messer

KRÄUTERKRANZ

Frische Kräuter sollten in keiner Küche fehlen. Zum dekorativen Kräuterkranz gebunden, sind sie nicht nur ein Gaumenschmaus, sondern auch eine Freude fürs Auge. Übrigens: Solch ein Kranz eignet sich hervorragend als Mitbringsel für Hobbyköche.

Die Grundlage des Kräuterkranzes bilden kleine Würfel aus Steckmasse. Die Kräuter werden in den mit Wasser vollgesogenen Steckschwamm eingesetzt und bleiben dadurch länger frisch.

GRUNDKRANZ ANFERTIGEN

- Die Zweige ringförmig aneinanderlegen und an den Enden mit Naturbast zusammenbinden. Dazu reichlich Bast verwenden. Mit den überstehenden Bastbändern wird später der Kranz verziert.

- Den Ring aus Zweigen auf einen Teller legen.
- Etwa 8 Würfel aus Steckschwamm zuschneiden und zwischen den Zweigen festklemmen.

KRÄUTER EINSETZEN

- Die Spitzen der Basilikumpflanze abschneiden und 2 bis 3 Steckschwammwürfel damit ausstecken.
- Dasselbe mit der Pfefferminze, der Petersilie, dem Dill und dem Salbei wiederholen.
- In die restlichen Zwischenräume Petersilie und Knoblauch einsetzen.
- Den Kranz mit Efeu und Wildbrombeeren verzieren.
- Anschließend den Tellerboden knapp mit Wasser bedecken, dann bleibt der Kranz länger frisch.

DAS BRAUCHEN SIE

Basilikumpflanze, Pfefferminzpflanze, Salbeipflanze, Petersilie, Knoblauchknollen, Dill, Efeu, Wildbrombeeren, Zweige, Naturbast, Steckschwamm, Teller, Messer

NATURGEWEBE

Aus langen Gräsern, schönen Federn und ungesponnen Wollfäden läßt sich dieser außergewöhnliche Raumschmuck gestalten. Je vielfältiger die Mischung der Naturmaterialien, desto interessanter wird das Gewebe.

An das Webbild können Sie sich ohne jegliche Vorkenntnisse heranwagen. Auch aufwendige Geräte werden hierfür nicht benötigt. Alles, worauf es ankommt, sind Ihre Ideen.

Für solche Wandbehänge können Sie die unterschiedlichsten Materialien verwenden. Gut sehen beispielsweise Webbilder mit Getreideähren und getrockneten Korn- und Mohnblumen aus. Auch Arbeiten aus Kokosschnur und getrockneten Bambusblättern sind reizvoll. Vielleicht mögen Sie jedoch lieber Naturbastfäden mit eingewebtem Juteband und auf Draht aufgefädelten Beeren?

Diese Webtechnik eröffnet selbst Anfängern ungeahnte Möglichkeiten zur kreativen Entfaltung. Wenn Sie es nicht möchten, braucht kein Teil dem anderen zu gleichen.

ANLEITUNG

- 16 Kordelstücke mit einer Länge von jeweils 100 cm zuschneiden.
- Dann die Kordelstücke mit einem Abstand von etwa 3 cm zwischen zwei 60 cm lange Äste knoten. Die Kordeln bilden die „Kettfäden" der Webarbeit **(Abb. a)**.
- Nun lange Schilfgräser abwechselnd über und unter den Kettfäden durchführen. Wichtig: Mit dem Weben wird unten begonnen **(Abb. b)**.
- Zwischen die Gräser einzelne Fäden ungesponnener Schafwolle einarbeiten sowie lange Gänse- und Hühnerfedern. Breite Gräser werden einzeln gewebt, schmale Grashalme zieht man besser gebündelt durch die Kettfäden hindurch.
- Sobald die Webarbeit den oberen Ast erreicht hat, die am Rand überstehenden Gräser mit der Schere bündig abschneiden.
- Anschließend das Webbild an einer Kordel aufhängen, die am oberen Ast festgeknotet wird.

TIP

Wenn Sie frische Gräser verwenden, müssen Sie die einzelnen Schichten dicht aufeinander weben. Andernfalls würden im Gewebe Lücken entstehen, da die Gräser beim Trocknen schrumpfen.

DAS BRAUCHEN SIE

möglichst gerade Äste, Schilfgras und ähnlich lange Gräser, ungesponnene Schafwolle, Gänse- und Hühnerfedern, Kordel, Schere

a

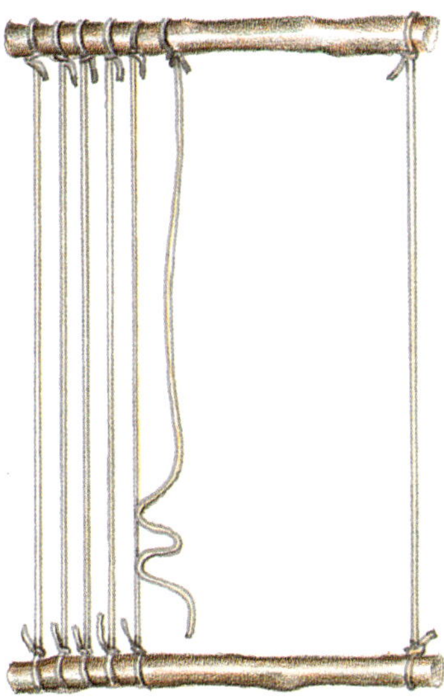

b

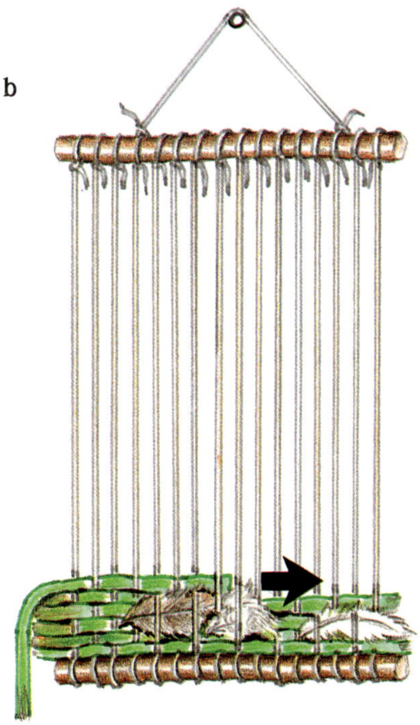

HOLZFLÖSSE

Mit diesen tollen Flößen aus Haselnuß- oder Weidenzweigen machen Sie Kindern gewiß eine große Freude. Man kann die Wasserfahrzeuge beim nächsten Ausflug im See schwimmen lassen oder mit ihnen an kleinen Bächen Floßwettrennen veranstalten. Es macht übrigens auch Spaß, sie zusammen mit Kindern zu bauen, weil sie einfach und schnell anzufertigen sind.

Diese Flöße werden in der Regel zu Hause hergestellt, weil man für sie unter anderem eine Laubsäge, eine Schere, Stoffreste und Klebstoff benötigt. Ein einfaches Grundfloß kann man jedoch nach dieser Anleitung auch draußen schnitzen. Sie benötigen hierfür lediglich ein Taschenmesser und eine Rolle Kordel. Fahne und Segel werden dann aus großen Blättern gebildet.

GROSSES FLOSS

■ Für die Längsbalken etwa 17 dünne und gerade Zweige auf eine Länge von 35 cm sägen. Die Querbalken bestehen aus 2 etwas dickeren Zweigen mit einer Länge von 30 cm.

■ In die Enden der Querbalken je eine Rille schnitzen, damit die Kordel später nicht abrutschen kann. Dann alle Längshölzer an den ersten Querbalken anknoten. Dafür die Kordel zur Hälfte zusammenlegen und die Schlaufe in der Mitte in einer Rille des Querbalkens festknoten. Die beiden Fäden über Kreuz über das erste Längsholz führen, unter dem Querbalken hindurchziehen und über Kreuz über das nächste Längsholz führen **(Abb. a)**. Wenn alle Längshölzer angebunden sind, die Kordel in der zweiten Rille fest verknoten. Anschließend den zweiten Querbalken auf die gleiche Weise am anderen Ende der Längshölzer befestigen.

■ Nun für das kleine Häuschen 20 Zweige auf eine Länge von 10 cm sägen. Je 8 Längshölzer mit 2 Querbalken wie ein Floß zusammenbinden.

■ Beide Teile zu einem Dach aufstellen, an der Spitze mit Kordel zusammenbinden und an zwei Längshölzern des großen Floßes festknoten.

■ Für das Ruder einen 25 cm langen Zweig an einem Ende einkerben und ein flaches rechteckiges Holzstückchen in die Kerbe kleben. Das Ruder auf eine kleine Astgabel legen, die mit Holzleim und Kordel zwischen 2 Längshölzern befestigt wird.

■ Für die Fahnenstange einen 25 cm langen Zweig an einem Ende einritzen und ein kleines rechteckiges Papierstück als Fahne in den Schlitz hineinschieben. Den Fahnenmast am Häuschen festbinden.

■ Als „Beiboot" ein kleines Floß aus 10 kurzen Hölzern herstellen und mit einer Kordel am großen Floß anbinden.

a

■ Aus einem Stoffrest ein dreieckiges Segel zuschneiden. Die Länge der unteren Kante sollte der Breite des Floßes entsprechen. Die Ecken des Segels abschneiden. Den unteren Rand mit Klebstoff bestreichen und umkleben. In die beiden anderen Ränder je ein Stück Kordel einkleben **(Abb. b)** und mit den überstehenden Kordelenden das Segel an der Mastspitze und an einem Querbalken festbinden.

DAS BRAUCHEN SIE

lange, gerade Haselnuß- oder Weidenzweige, Kordel, Stoffrest, kleines rechteckiges Stück Papier, Holzleim, Alleskleber, Maßband, scharfes Messer, Laubsäge mit feinem Sägeblatt, Schere

KLEINE FLÖSSE MIT SEGELN

■ Die beiden kleinen Flöße werden nach demselben Prinzip gebaut wie das große Floß, dessen Herstellung auf der linken Seite erklärt ist. Sie benötigen hierfür lediglich kürzere und dünnere Zweige. Es sieht gut aus, wenn man die Enden der Hölzer mit dem Messer etwas anspitzt.

■ Den Mast unten anspitzen und mit Holzleim zwischen zwei Längshölzern befestigen. Als weitere Sicherung 2 Kordeln vom oberen Ende des Mastes zu den beiden seitlichen Rillen eines Querbalkens spannen und eine weitere Kordel auf der gegenüberliegenden Seite um den mittleren Längsbalken wickeln.

b

SANDBILDER

Sommerzeit - Ferienzeit! Die mitgebrachten Souveniers und die Urlaubsfotos erinnern noch an die schönsten Tage im Jahr. Doch was anfangen mit all den vielen am Strand gesammelten angeschwemmten Stücken? Aus Sand und Muscheln lassen sich solche dekorativen Bilder ganz einfach selbermachen.

Bis auf die beiden Seepferdchen sind alle in diesen beiden Sandbildern verwendeten Materialien selbst gesammelt worden: an den Stränden Portugals, in Spanien, Tunesien, Griechenland und an der deutschen Nordseeküste. Um so mehr verschiedenfarbige Sande Sie verwenden, desto bunter wird natürlich auch später Ihr Bild. Hier wurden zum Beispiel fast weißer Vogelsand, beigefarbener grobkörniger Sand von den Stränden Balis sowie orangefarbener, sehr feiner Wüstensand aus der Sahara verarbeitet.

ANLEITUNG

- Für jede Sandmasse in einem Plastikeimer den Tapetenkleister dickflüssig anrühren. (Dabei sorgfältig die Herstellerangaben beachten.) In den Kleister nach und nach so viel Sand unterrühren, daß eine steife Masse entsteht.
- Diese Masse auf die rauhe Seite der Rückwand des Glasbildträgers geben und mit dem Spachtel glatt streichen oder Wellenstrukturen anlegen.
- Die andersfarbige Sandmasse entweder neben oder über die zuerst aufgetragene Schicht dünn aufspachteln. Die Sandmasse nach Belieben noch zusätzlich mit Mustern strukturieren, zum Beispiel mit einem grobzinkigen Kamm Linien ziehen oder mit einer Stricknadelspitze Punkte tupfen.
- Die Muscheln und alle anderen Fundstücke nacheinander auf der Sandmasse plazieren und eindrücken.
- Das Bild mindestens zwei Tage lang trocknen lassen, dann kann es aufgehängt werden. Die Muscheln und all das andere Strandgut sind nun so fest im Sand eingebunden, daß sie nicht herausfallen können.
- Wer will, kann sein Bild auch mit einem farblich passenden Passepartout aus Karton oder aus textilem Material wie zum Beispiel grobem Leinen gestalten. Sehr schön sieht ein Passepartout aus Sandmasse aus.

DAS BRAUCHEN SIE

Glasbildträger, verschiedene Sorten Sand, viele verschiedene Muscheln, Schneckenhäuschen, Krebspanzer, Seepockengehäuse, Korallenstückchen oder anderes Strandgut, Plastikeimer oder -schüssel, Rührlöffel, Spachtel, Tapetenkleister, Kamm oder Stricknadel

MEERESZAUBER

Diese phantasievolle Tischdekoration weckt Erinnerungen an den letzten Urlaub. Der Eindruck von Strand und Meer wird nicht nur durch Muscheln, Amphoren und Palmblätter hervorgerufen, sondern entsteht auch durch die Wahl der Farben: Blau, Türkis und die unterschiedlichen Grüntöne gehören alle zu den typischen Meeresfarben.

Bei diesem Gesteck wird nichts angedrahtet oder festgeklebt. Einzig die Bambusstäbe werden mit Naturbast umwickelt. Der Kreuzungspunkt der Stäbe bildet gleichzeitig den zentralen Punkt des Arrangements.

ANLEITUNG

- 3 Bambusstäbe leicht verschoben übereinanderlegen und mit Naturbast zusammenbinden. Dabei jeden Stab einzeln umwickeln.
- Dann die Stäbe auf einen Glasteller legen.
- Den Steckschwammwürfel an den Kreuzungspunkt der Stäbe setzen und an den Seiten mit Moos festigen.
- Mehrere Zweige und große Blätter dekorativ anordnen und die Muscheln auslegen.
- 3 Palmblätter seitlich in den Steckschwamm drücken und 3 weiße Rosen von oben einsetzen. Den Steckschwamm ganz mit Moosen und Flechten bedecken.
- Anschließend die Zwischenräume des Gesteckes mit Steinen, Sand und Tonscherben ausfüllen.

DAS BRAUCHEN SIE

Bambusstäbe, verschiedene Muscheln, Palmblätter und andere große Zierblätter, Moose und Flechten, Zweige, weiße Rosen, Sand, Steine, Tonscherben, Naturbast, Glasteller, Steckschwamm, Messer

KIESELSTEINFISCHE

Witziges Mitbringsel: Bemalte runde Steine, die wie Fische aussehen, kommen als kleine Überraschungsgeschenke nicht nur bei Aquarianern gut an. Man kann sie als Briefbeschwerer verwenden oder in den Setzkasten legen. Originell ist auch eine Steinfischecke im Badezimmer. Schließlich sind dort die munteren Meeresbewohner fast in ihrem Element.

Glatte Kieselsteine findet man an Fluß- und Seeufern. Kleinere Steine liegen auch schon mal in der Nähe von Baustellen oder an Baggerlöchern. Hier kann man natürlich nur nach ihnen suchen, wenn kein Schild „Zutritt verboten" Eindringlingen den Weg versperrt.
Malen Sie jeden Kieselsteinfisch anders an. Variieren Sie die Augen- und Maulformen, und zeichnen Sie die Schuppen mal als Wellenlinien, als Streifen oder als bunte Punkte. Fische haben darüber hinaus noch unterschiedlich geformte Flossen, und manch ein Seetier könnte den Betrachter auch direkt von vorn anschauen. Das heißt, die glatte Breitseite des Steins zeigt ein rundes Fischgesicht.
Natürlich kommen für die Kieselsteine noch andere Motive als Fische in Betracht. Pilze, Frösche oder Blüten ergeben ebenfalls schöne Steinbilder.

STEINE GRUNDIEREN

- Die Steine mit einer harten Bürste und warmem Wasser gründlich säubern, da sonst die Farbe nicht haftet.
- Dann die Steine mit weißer Farbe grundieren. Ein Borstenpinsel eignet sich gut zum flächigen Auftragen der Farbe.

MOTIVE AUFMALEN

- Sobald die Farbe getrocknet ist, das Fischmotiv mit einem weichen Bleistift auf den Stein vorzeichnen.
- Die Linien mit Plakafarben und einem feinen Haarpinsel nachziehen und die Flächen vorsichtig ausmalen. Es können auch weiß grundierte Stellen freibleiben.

ZEICHNUNGEN FIXIEREN

- Zum Schluß die Kieselsteinfische mit Klarlack überziehen. Dadurch wird die Zeichnung wasser- und wischfest, und die Steine erhalten einen schönen Glanz.
- Die Kieselsteinfische einen Tag lang trocknen lassen.

DAS BRAUCHEN SIE

glatte Kieselsteine, Plakafarben, Klarlack, Borsten- und Haarpinsel, Bürste, weichen Bleistift

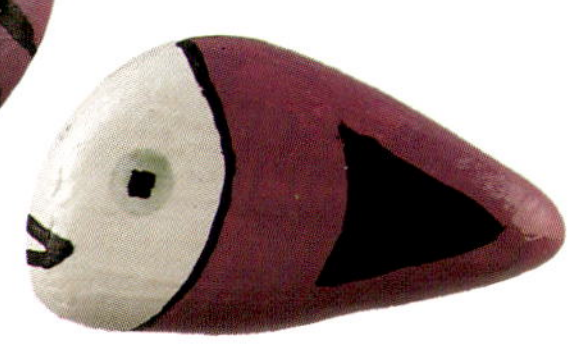

HERBSTSTIMMUNG

BLÄTTERKARTEN

Sammeln Sie auf Ihrem nächsten Herbstspaziergang schön gefärbte Blätter und Gräser mit interessanten Formen. Aus diesen Naturmaterialien lassen sich sehr persönliche Grußkarten anfertigen, die es nirgends zu kaufen gibt.

Zum Trocknen der Blätter und Gräser verwendet man eine Blumenpresse oder legt die Pflanzen zwischen mehrere Lagen Zeitungspapier und beschwert den Packen mit dicken Büchern. Nach etwa einer Woche sind die meisten Blätter trocken.

PASSEPARTOUT-KARTE

- Die Vorderseite einer Klappkarte vollständig mit Blättern bekleben.
- Eine zweite, gleich große Karte halbieren und mit dem Cutter einen 1,5 cm breiten Rahmen ausschneiden.
- Den Rahmen auf die Karte mit den Blättern kleben.

HELLBLAUE KARTE

- Einen etwa 1 cm breiten Ausschnitt diagonal in das Deckblatt einer Klappkarte schneiden. Das geht am besten mit einem Cutter.
- Auf die Rückseite des Deckblattes ein andersfarbiges Blatt Papier in der Größe der Karte kleben.
- Dann die getrockneten Gräser vorsichtig mit Klebstoff auf der Sichtseite befestigen.
- In den ausgeschnittenen Streifen kann der Name des Empfängers oder ein Glückwunsch eingetragen werden.

KARTE MIT SCHATTENBLATT

- Ein Blatt mit stark gezacktem Rand auf das Deckblatt einer Klappkarte legen und mit Bleistift mit kurzen, eng beieinanderliegenden Strichen den Rand nachzeichnen.
- Anschließend das getrocknete Blatt zur Hälfte über das gezeichnete Blatt kleben.

ZWEI KARTEN MIT BLÄTTERBILDERN

- Mehrere gepreßte Blätter zu einer Blume auf der Sichtseite einer Klappkarte anordnen. Dabei ruhig mit den verschiedenen Blattformen spielen.
- Sobald Ihnen das Motiv gefällt, die Blätter festkleben.
- Man kann auch ein oder zwei besonders schöne Blätter aufkleben, um so ihre Farben und Formen zur Geltung zu bringen (Foto unten).

DAS BRAUCHEN SIE

Klappkarten, getrocknete Gräser und Blätter, farbige Papiere, Alleskleber, Cutter, Bleistift, Lineal, Schere

ERNTEDANKGIRLANDE

Es ist ein schöner Brauch, die Wohnung zum Erntedankfest mit Girlanden zu schmücken. Traditionsgemäß werden für diese Gebinde hauptsächlich die Früchte des Feldes gewählt, also heimisches Getreide, Obst und Gemüse. Die eßbaren Dekorationsmaterialien steckt man sehr dicht, um eine möglichst üppige Girlande zu erhalten.

Die Erntedankgirlande wird in zwei Arbeitsschritten hergestellt: Zuerst fertigen Sie aus Hopfen- und Efeuranken, die auf eine Kordel gebunden werden, einen Unterbau an. Dann stecken Sie die Grundgirlande mit angedrahteten Früchten aus. Wichtig ist, daß Sie das Grün fest um den Girlandenkern wickeln, damit die Früchte einen sicheren Halt bekommen.

UNTERGIRLANDE BINDEN

■ Hopfen- und Efeuranken auf eine Länge von etwa 15 cm schneiden, in Büscheln ordnen und zurechtlegen. Dann ein Stück Kordel abschneiden. Die Länge großzügig bemessen, da sich die Kordel erfahrungsgemäß durch das Binden verkürzt.

■ Ein Efeubüschel an die Kordel anlegen und mit Wickeldraht festbinden. Das nächste Büschel möglichst eng an den ersten Bund anbringen, damit die Untergirlande Festigkeit und Volumen erhält. Abwechselnd Hopfen und Efeubüschel um die Kordel wickeln, bis der gesamte „Kern" bedeckt ist.

GIRLANDE AUSSCHMÜCKEN

■ Das Getreide zu kleinen Büscheln zusammenfassen und mit Draht umwickeln. Äpfel, Paprikaschoten und Avocados einzeln andrahten. Dazu den Wickeldraht durch die Frucht stecken, die Drahtenden unten zusammenführen und miteinander verdrillen. An den Stielen der Hagebutten, Lampionblumen, Weintrauben und Sonnenblumen ebenfalls Draht befestigen.

■ Danach die verschiedenen Früchte und das Getreide nacheinander in den Unterbau stecken. Die beiden Enden bleiben frei, um die Girlande besser aufhängen zu können.

TIP

Wer sich das Binden der Erntedankgirlande erleichtern will, bestellt sich als Unterbau eine einfache Buchsbaumgirlande im Blumenladen. Das Buchsbaumgebinde wird anschließend mit Obst, Gemüse und Getreide ausgeschmückt.

DAS BRAUCHEN SIE

Efeu, Hopfen, Lampionblumen, Äpfel, Sonnenblumen, Hagebutten, kleine Avocados, Zucchini oder Birnen, Paprikaschoten, Weintrauben, Getreide, Wickeldraht, Kordel, Messer

BLUMENKÜRBIS

Einen Kürbis auszuhöhlen und ein Gesicht in die Fruchtwand hineinzuschnitzen, hat in vielen Ländern Tradition. In den USA beispielsweise ziehen die Kinder in der Halloween-Nacht mit Kürbislaternen durch die Straßen und stellen beleuchtete Kürbisse in die Fenster. Auch bei uns werden in zahlreichen Gegenden zum Erntedankfest „Kürbisgespenster" angefertigt. Diesem alten Brauch entlehnt ist der „Blumenkürbis", ein florales Gesteck, das auf einem kunstvoll geschnitzten Kürbis arrangiert wird.

Damit das Gesteck länger hält, schneiden Sie die Blumen, Ranken und Gräser vorher mit einem scharfen Messer schräg an. Außerdem sollten Sie verhindern, daß der Steckschwamm im Kürbis austrocknet und ihn deshalb regelmäßig etwas gießen.

KÜRBIS AUSHÖHLEN

- Zuerst den Deckel des Kürbis abschneiden. Dazu eine Linie mit dem Bleistift vorzeichnen und mit einem scharfen Messer entlang der Markierung schneiden **(Abb. a)**.
- Danach das Fruchtfleisch mit einem Löffel herausnehmen. Rundum sollte eine mindestens 2 cm dicke Wand stehenbleiben, damit der Kürbiskopf stabil bleibt.
- Augen und Mund mit Bleistift vorzeichnen und mit einem Messer ausschneiden **(Abb. b)**.

BLUMENARRANGEMENT STECKEN

- Einen mit Wasser vollgesogenen Steckschwamm in einen großen Becher setzen. Dazu den Steckschwamm mit einem Messer zurechtschneiden. Den Becher in den Kürbis hineinstellen.
- Zuerst die Efeuranke, die Bergenienblätter und das Nigella in die Steckmasse setzen. Sie bilden den Halt für die Schnittblumen **(Abb. c)**.
- Nun die Herbstblumen wie Dahlien und kleine Sonnenblumen stecken und anschließend das Getreide und die Gräser einsetzen. Grundsätzlich gilt: Großblumige Blüten sollten im unteren und mittleren Bereich des Gesteckes angebracht werden, zarten Gräsern bleibt das obere Drittel des Arrangements vorbehalten.

TIP

Aus dem Fruchtfleisch kann man mit Zucker, Zimt, Zitronensaft und Wasser ein leckeres Kürbiskompott kochen. Es schmeckt gut zu Eis und Vanillepudding.

a

b

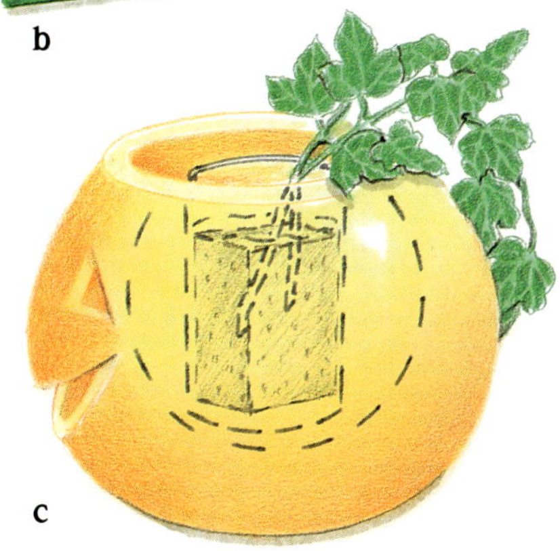

c

DAS BRAUCHEN SIE

mittelgroßen Kürbis, Herbstblumen wie kleine Sonnenblumen und Dahlien, außerdem Efeuranken, Gräser, Getreideähren, Bergenienblätter, Nigella, großen Becher, Steckschwamm, Messer, Bleistift

FRÖHLICHE WEINRUNDE

Der Herbst ist die Zeit der Traubenlese und der Weinfeste. Wie wär's, wenn Sie aus diesem Anlaß gute Freunde zu einer gemütlichen Weinrunde einladen? Als Tischdekoration bietet sich ein Arrangement aus Trauben, Rosen und Gräsern an, das auf einem geflochtenen Tablett angeordnet wird.

Für Tischgestecke können Sie die unterschiedlichsten Gefäße verwenden. Gut geeignet sind hübsche Teller und Schalen, aber auch mit kleinen flachen Körben und zierlichen Tabletts lassen sich dekorative Arrangements zusammenstellen.

ANLEITUNG

- Den Kranz auf einen Teller oder ein Tablett legen.
- Aus einem Steckschwamm 3 Würfel herausschneiden und in Wasser einweichen. Anschließend die Würfel an den Innenseiten des Kranzes mit Blumendraht befestigen.
- Die Stiele der Rosen, des Nigella und der Sonnenblumen kürzen und die Würfel mit den Blumen ausstecken. Die Trauben so über den Kranz und den Teller verteilen, daß die Steckschwammwürfel völlig verdeckt sind. Die Zwischenräume mit dem Weinlaub füllen.
- Eine Schleife aus Geschenkband binden, andrahten und zusammen mit den Gräsern in den Kranz stecken. Mit etwas Kupferdraht dekorieren.

DAS BRAUCHEN SIE

Kranz aus blattlosen Zweigen wie Weide oder Haselnuß, Steckschwamm, Blumendraht, Teller oder geflochtenes Ziertablett, Geschenkband, Kupferdraht, Weintrauben, gelbe Rosen, Sonnenblumen ohne Blätter, Nigella, Weinlaub, Gräser, Messer

HERBSTKRANZ

Dieser wunderschöne, in warmen Farbtönen gehaltene Wandkranz ist etwas für Leute, die es ländlich lieben. Er wurde aus einer Fülle der unterschiedlichsten Materialien wie Kornähren, Blumen, Blättern, Moosen, Farnen oder Früchten gebunden.

Bevor Sie mit dem Binden eines Kranzes beginnen, kürzen Sie die Stiele aller verwendeten Materialien knapp unterhalb des Stielansatzes. Danach drahten Sie Blüten, Blätter und Früchte an. Dünnstielige Materialien wie Farne bindet man mit Draht zu kleinen Büscheln. Mehrere breite Streifen Sackleinen werden jeweils an den Enden zusammengedrahtet. Binden Sie das Satinband zur Schleife, und drahten Sie es ebenfalls an.

ANLEITUNG

- Stabilen Blumendraht in der gewünschten Größe des Kranzes zum Ring biegen. Die übereinanderliegenden Drahtenden mit dem feineren Draht umwickeln, so daß sie zusammenhalten. Nun alle abgeschnittenen Halme und Stiele mit dem stabilen Draht rund um den ganzen Drahtring wickeln **(Abb. a)**.
- Das Ende des feinen Blumendrahts an einer Stelle des Kranzes befestigen. Sämtliche Materialien von innen nach außen mit dem feinen Draht anbinden **(Abb. b)**, bis der ganze Ring bedeckt ist. Die Materialien dabei schichtweise so übereinanderlegen, daß die angedrahteten Stiele nicht mehr zu sehen sind. Die Ringunterseite jedoch freilassen, damit der Kranz flach an der Wand anliegt.
- Besonders schöne Blüten und Früchte auf der Kranzoberseite anordnen. Mit den Moosen, Blättern und Farnen Lücken auffüllen und mit dem Sackleinen gezielt dekorative Akzente setzen. Um den fertig gebundenen Kranz Kupferdraht wickeln.
- An der unteren Kranzseite zuerst die Satinschleife und dann darüber die Weintrauben befestigen.
- Stabilen Draht zum Aufhängen anbringen.

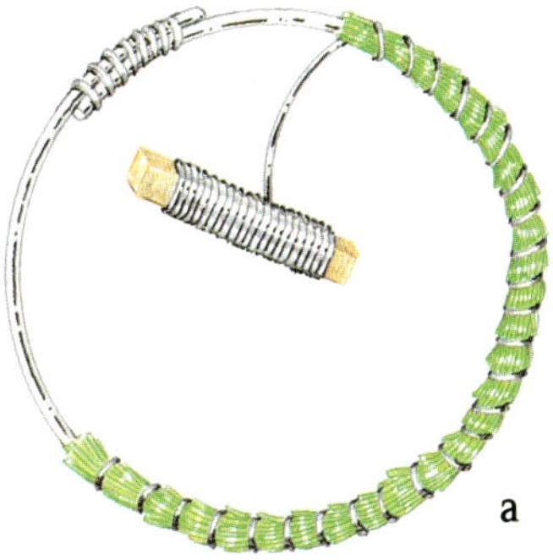
a

b

DAS BRAUCHEN SIE

Kornähren wie Hafer oder Roggen, Moose, Eichenlaub, Efeu, Korallenfarn, getrocknete Blumen und Früchte wie Sonnenblumen, Hortensien, Rosen, Dahlien, Blaudisteln, Mohnblumen- und Lampionblumenkapseln, Granatäpfel, Weintrauben, außerdem Sackleinen, Satinband, stabilen Blumendraht, dünnen Blumendraht, Kupferdraht, Blumenschere, Schere

BLÄTTERCOLLAGEN

Der Herbst ist eine ergiebige Zeit für alle, die gern schöne Dinge aus Naturmaterialien anfertigen. Blätter, Früchte, Gräser und Nüsse kann man jetzt sammeln und trocknen, um sie anschließend zu aparten Collagen zu verarbeiten. Mit einem Holzrahmen versehen oder auf Kork aufgebracht, sind die Pflanzenbilder ein stilvoller Wandschmuck.

Die Grundidee ist einfach: In einen Holzbilderrahmen wird ein Passepartout eingelegt, der offene Bildausschnitt mit Japanpapier oder Dekostoff ausgekleidet, und dann wird das Bild mit getrockneten Pflanzenteilen beklebt. Wer möchte, befestigt die Naturmaterialien auch an einem Bilderrahmen ohne Rückwand oder bringt die Blätter und Früchte auf einer kleinen Korkplatte an.

BILD MIT OVALEM PASSEPARTOUT

■ In einen glaslosen Holzrahmen das ovale Passepartout einlegen und die Öffnung mit Japanpapier hinterkleben. Die Rückwand auflegen und mit Rahmenfedern befestigen.

■ Nun das Bild mit Schilf und Ziergras, Monetenblättern, Ruskuszweigen, Islandmoos, Ahornfrüchten, getrockneten Begonienblüten und roter Koralle dekorieren. Sämtliche Pflanzenteile vorsichtig mit Klebstoff fixieren.

BILD MIT ECKIGEM PASSEPARTOUT

■ In einen glaslosen Holzrahmen das rechteckige Passepartout einlegen. Dann einen Rest Dekostoff gerafft auf die Rückwand kleben. Den Rahmen auf die Rückwand legen und das Bild mit Rahmenfedern sichern.

■ Getrocknete Blätter, Ziergras, Eichelkappen, Früchte und Schoten auf dem Passepartout und dem Dekostoff anordnen und festkleben. Das Gras sollte über den Rahmen hinausragen.

KORKBILD

■ Auf der Rückseite der Korkplatte einen Bildaufhänger befestigen.

■ Getrocknete Blätter, Netzblätter, Gräser, Eicheln, Wacholderfrüchte und Statice auf der Vorderseite der Korkplatte zu einer Collage zusammenstellen und vorsichtig ankleben. Als Blickfang wurden bei diesem Bild zusätzlich 2 kleine Zierkacheln angebracht.

PFLANZEN IM OFFENEN RAHMEN

■ Für den Rahmen 4 Dachlatten rechtwinklig zuschneiden und zusammenkleben.

■ Auf der Rückseite einen Bildaufhänger befestigen.

■ Die Blätter, Pilze und Schoten anordnen und mit Heißkleber fixieren. Jedes Teil kurz festhalten, bis der Klebstoff getrocknet ist. Zum Schluß das Bild mit Klarlack besprühen.

DAS BRAUCHEN SIE

Holzrahmen, rechteckiges und ovales Passepartout, Japanpapier, Monetenblätter, Ziergras, Ruskuszweige, Islandmoos, Ahornfrüchte, getrocknetes Schilf, Begonienblüten, rote Koralle, Dekostoffrest, Eicheln, Schoten, Korkplatte, Wacholderfrüchte, Zierkacheln, Bildaufhänger, Statice, Netzblätter, Dachlatten, Pilze, Sprühlack, Alleskleber, Heißkleber

ZWETSCHGENMÄNNCHEN

Aus Trockenpflaumen und verschiedenen Nüssen kann man lustige Zwetschgenmännchen basteln, die als Herbstdekoration die Wohnung schmücken.

Damit die Zwetschgenmännchen gut stehen, befestigt man sie an den unteren Drahtspitzen auf einer Korkplatte. Aus Stoff- und Papierresten erhalten die urigen Figuren Mäntel, Röcke und Blusen, und im Nu steht neben dem Zwetschgenmännlein ein Zwetschgenweiblein und ein Zwetschgenkind.

GRUNDMÄNNCHEN ANFERTIGEN

■ Für den Kopf eine Walnuß vorsichtig knacken, ohne die beiden Schalenhälften zu zerbrechen. Danach 2 Blumendrahtstäbe zwischen die Walnußhälften kleben **(Abb. a)**.

■ Eine kleine Zwetschge auf die Drähte fädeln. Das wird der Hals.

■ Für die Arme ein weiteres Drahtstück waagerecht zwischen die beiden senkrechten Drähte schieben.

■ Anschließend 3 bis 4 größere Zwetschgen für den Körper auf die beiden Drähte aufziehen. Für die Beine die Drähte teilen und 4 bis 5 Zwetschgen auf jedes Drahtstück stecken. Auf die Armdrähte 3 bis 4 kleinere Zwetschgen auffädeln **(Abb. b)**.

■ Die Schuhe werden beispielsweise aus Eicheln gebildet, in die man ein kleines Loch gebohrt hat. Die Eicheln auf den Draht schieben und mit Alleskleber fixieren. Den unten überstehenden Draht in eine Korkplatte drücken und die Schuhe am Kork festkleben. Wenn man statt der Eicheln eine kleine Zwetschge auf die Drahtenden schiebt, läuft das Männchen „barfuß".

■ Für die Hände 2 Buchekkernschoten mit einem Loch versehen, auf die seitlichen Drähte schieben und festkleben.

■ Mit Filzstift Augen und Mund auf die Walnuß malen und als Nase ein kleines Stück Knetmasse aufdrücken. Für die Haare können beispielsweise die leeren Hülsen einer Erdnuß auf den Walnußkopf geklebt werden.

ZWETSCHGENMÄNNCHEN ANZIEHEN

■ Das Zwetschgenmännchen erhält einen Mantel aus einem 20 x 25 cm großen Stoffrest, der an den Schmalseiten zweimal nach innen geschlagen wird. Den Mantel mit 2 Stecknadeln an den Schultern des Männleins befestigen. Einen Hut mit runder Krempe aus braunem Tonpapier basteln.

■ Das Kopftuch und die Bluse des Zwetschgenweibleins mit der Zackenschere aus einem Stoffrest ausschneiden und um die Figur wickeln. Das Stoffteil für den Rock dem Weiblein gerafft um die Taille legen und mit Geschenkband zusammenhalten. Anschließend ein mit Statice gefülltes Weidenkörbchen in die Bucheckernhand kleben.

■ Das Zwetschgenkind bekommt aus einem Stoffrest einen Rock, der mit einer Nadel zusammengehalten wird.

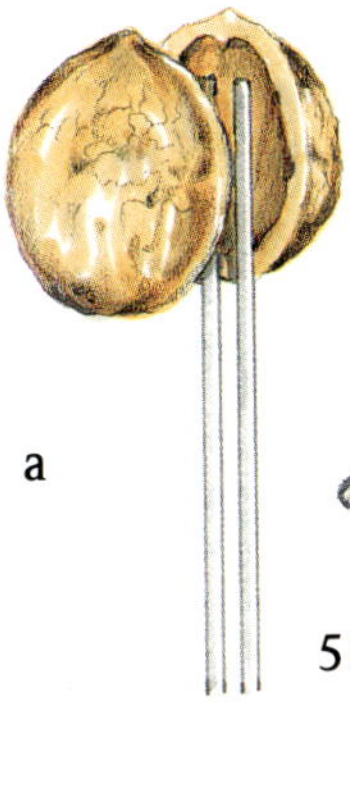
a

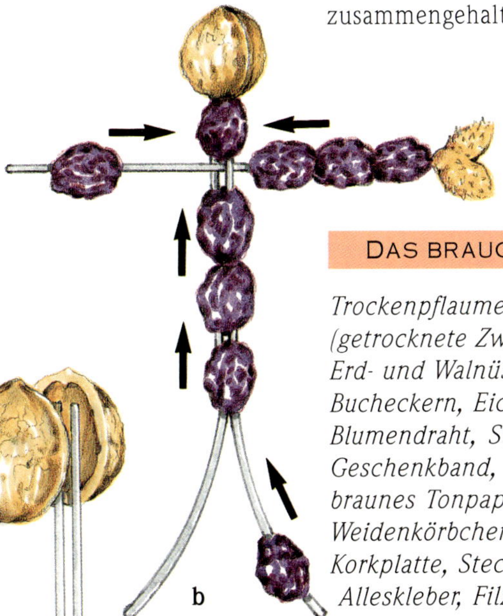
b

DAS BRAUCHEN SIE

Trockenpflaumen (getrocknete Zwetschgen), Erd- und Walnüsse, Bucheckern, Eicheln, Blumendraht, Stoffreste, Geschenkband, Knetmasse, braunes Tonpapier, Weidenkörbchen mit Statice, Korkplatte, Stecknadeln, Alleskleber, Filzstifte

FABELTIERE

Man muß schon etwas genauer hinschauen, um die Vögel, die Mäuse, das sechsbeinige Schwein, die Schlange und den Drachen zu entdecken. Immerhin gehört es zur besonderen Eigenart von Fabelwesen, nicht für jedermann sichtbar zu sein. Kinder beteiligen sich mit Feuereifer an dieser Bastelei mit Eicheln, Tannennadeln und Ahornsamen und erfinden bald eigene Phantasietiere.

Die meisten Materialien für die Fabelwesen finden Sie im Herbst auf einem Waldspaziergang. Verwenden können Sie alle Arten von Zapfen und Zweigen sowie Nüsse und deren Hülsen.

SCHLANGE

■ In die stumpfe Seite einer großen Eichel mit dem Handbohrer ein Loch bohren und in die Öffnung das Ende eines ca. 25 cm langen Stückes Blumendraht hineinschieben. Die Drahtspitze vorher mit Klebstoff bestreichen.

■ Dann die Kappen von etwa 30 Eicheln entfernen. In die Spitze jeder Kappe ein kleines Loch bohren und alle Eichelkappen nacheinander auf den Blumendraht fädeln. Die letzte Kappe wird gesichert, indem man den Blumendraht mit einer Zange zur Öse biegt.

■ Für den Mund und die Augen kleine Löcher in die Eichel bohren. Als Augen 2 Senfkörner ankleben, die Zunge bildet eine vorn gespaltene Tannennadel.

SECHSBEINIGES SCHWEIN

■ Auf das spitze Ende eines großen Tannenzapfens 2 Kletten kleben. Das sind die Augen des Schweins.

■ Für die Ohren eine Eichel längs halbieren und die Schale zwischen die Schuppen des Zapfens kleben.

■ 3 Eicheln quer durchschneiden und jede Hälfte auf ein Stück Draht stecken. An den Schnittseiten der Eicheln den Draht umbiegen, damit die Teile nicht herausrutschen können. Die anderen Drahtenden so um die Schuppen des Tannenzapfens wickeln und eventuell zusätzlich ankleben, daß 3 Beinpaare entstehen.

■ Für das Schwänzchen eine Eichelkappe an das stumpfe Ende des Zapfens kleben.

VÖGEL

■ Je ein Loch in eine Kastanie und eine Eichel bohren und beide Teile mit einem dünnen Ast verbinden. Das sind Körper, Kopf und Hals des Vogels.

■ Für die Augen 2 Senfkörner auf die Eichel kleben. Einige Tannennadeln als Federn am „Hinterkopf" befestigen.

■ In die Oberseite der Kastanie 4 Schlitze mit dem Cut-

ter schneiden und dann die Flügel von 4 Ahornsamen in die Öffnungen schieben.

■ Als Schwanzfeder eine Klette auf die Kastanie kleben.

DRACHEN

■ Mit dem Handbohrer in die stumpfe Seite eines Kiefernzapfens ein Loch bohren und ein etwa 25 cm langes Stück Blumendraht an einem Ende darin festkleben.

■ 11 Kastanien und 1 Eichel durchbohren und auf den Draht aufziehen. Die Eichel wird zum Schluß aufgefädelt und mit Hilfe einer Drahtöse vor dem Herausrutschen abgesichert.

■ Für die Beine in die Unterseite der dritten und sechsten Kastanie je 2 Löcher bohren. Die Spitzen von 4 Eichelkappen durchbohren und in jedes Loch einen dünnen Zweig stecken. Dann die Zweige in die Beinlöcher schieben und mit Klebstoff fixieren.

MÄUSE

■ In eine kleine flache Kastanie 3 Löcher für die Augen und den Schwanz bohren.

■ 2 Gewürznelken in die Augenlöcher kleben und eine Kiefernnadel in der Schwanzöffnung befestigen.

■ Hinter die Augen 2 Schlitze mit dem Cutter schneiden und je eine Tannenzapfenschuppe als Ohr hineinschieben.

DAS BRAUCHEN SIE

Kastanien, Eicheln, Kletten, Ahornsamen, dünne Zweige, verschiedene Zapfen, Gewürznelken, Tannennadeln, Senfkörner, Blumendraht, Schere, Cutter, Zange, Alleskleber, Handbohrer

WINTERZEIT

ADVENTSKALENDER AUS JUTE

Adventskalender sollen die Vorfreude auf das Fest erhöhen und die letzten 24 Tage vor Weihnachten als besondere Zeit im Jahr herausheben. In dem Adventskalender aus Jute lassen sich viele nette Überraschungen unterbringen, die für kleine, aber auch für große Kinder gedacht sein können.

Die Stiefel, Herzen und Sterne dieses Adventskalenders sind aus Jute genäht. Damit der Stoff an den Rändern nicht ausfranst, wird zuerst Haftvlies gegengebügelt. Besonders hübsch sieht der Kalender aus, wenn man die Teile an eine Tannengirlande hängt, die mit roten Schleifen verziert ist.

ANLEITUNG

- Auf eine Seite der Jute Haftvlies aufbügeln. Dazu die Vlieseline mit der beschichteten Seite auf die Jute legen, ein Baumwolltuch darüberbreiten und so lange mit dem heißen Bügeleisen über die Stofflagen fahren, bis die Vlieseline fest auf der Jute haftet.
- Anschließend je 16 Herzen, Stiefel und Sterne ausschneiden, insgesamt also 48 Schnittteile. Für jedes Kalendermotiv benötigt man 2 Teile. Bei den Stiefeln darauf achten, daß Sie 8 der 16 Teile seitenverkehrt zuschneiden.
- Die Motive erst einzeln mit Zickzackstich umsäumen und dann mit Geradstich zusammennähen. Die Stiefel oben am Schaft offenlassen. Die Öffnungen der Herzen befinden sich ebenfalls oben in der Mitte, und bei den Sternen bleiben die Ränder einer Zacke offen.
- Zum Aufhängen der Teile Goldkordeln von etwa 20 cm Länge mit einer Nähnadel durch die Jute ziehen. Die Stiefel werden am hinteren Schaftende aufgehangen, bei den Herzen liegen die Befestigungspunkte der Kordel in der Mitte der oberen Rundungen und bei den Sternen wird die Kordel durch eine der Zacken gezogen.
- An den oberen Rändern der Stiefel als Fellbesatz mit Alleskleber kleine Wattebäusche anbringen.

DAS BRAUCHEN SIE

Jute, Haftvlies,
rotes Baumwollnähgarn,
Goldkordel, Watte,
Alleskleber, Bügeleisen,
Schere, Nähnadel

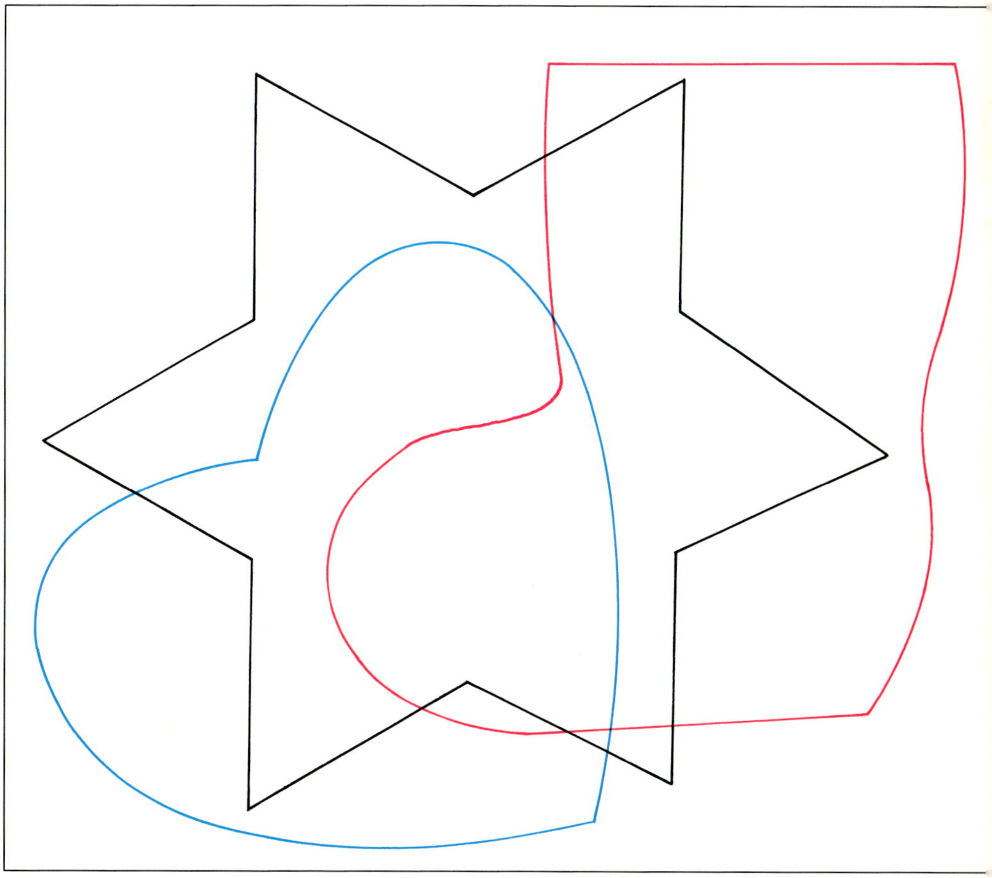

STIMMUNGSVOLLER ADVENTSKRANZ

Erinnerungen an Bilder aus der „guten alten Zeit" werden wach beim Anblick dieses wunderschönen Adventskranzes. So ähnlich müssen auch vor knapp einhundert Jahren die ersten Kränze ausgesehen haben: aus immergrünen Zweigen geflochten, mit Bienenwachskerzen bestückt und mit Bändern, Gewürzen und Äpfeln verziert. Damals wie heute bringt ein Adventskranz vorweihnachtliche Stimmung ins Haus.

Statt des selbstgebundenen Kranzes können Sie auch einen einfachen Tannenkranz aus dem Blumengeschäft verwenden und – wie in der Anleitung beschrieben – mit Kerzen, Kräutern und Gewürzen schmücken. Allerdings lohnt sich die Mühe des Bindens: Der selbst angefertigte Kranz sieht lebendiger aus, weil in ihm die verschiedensten immergrünen Zweige verarbeitet werden.

ROHKRANZ BINDEN

■ Die Tannen- und Koniferenzweige auf eine Länge von etwa 15 cm zurechtschneiden und in Büscheln anordnen.

■ Den feinen Blumendraht an einem Ende im Strohkranz befestigen. Dann ein Tannenbüschel auf den Kranz legen und mit dem Blumendraht umwickeln. Das nächste Büschel auflegen und ebenfalls festbinden. Dabei wechseln sich Tannen- und Koniferenbüschel mit Moospolstern ab. Die Zweige und das Moos von innen nach außen anordnen, bis der ganze Strohkranz bedeckt ist.

ADVENTSKRANZ DEKORIEREN

■ Den Rohkranz auf einen Teller legen.

■ 4 Bienenwachskerzen auf Halter stecken und in dem Kranz befestigen.

■ Mehrere Muskatnüsse auf stabilen Blumendraht spießen und einige kleine Äpfel andrahten. Dann die Teile in den Kranz stecken.

■ Zimtstangen und Anissterne auf einen langen Bastfaden knoten und die Gewürzkette lose um das Grün legen. Einige Ingwerstücke mit Bast umwickeln und im Kranz festknoten.

■ Aus rotem Juteband eine Schleife binden, mit einem Drahtstiel versehen und in dem Grün befestigen.

■ Eine Schlaufe aus Naturbast und einen kleinen Ast mit schmalen Stoffband lose umwickeln und auf dem Adventskranz drapieren.

■ Zum Schluß einige angedrahtete Efeublätter in das Grün des Kranzes setzen.

TIP

Ebenfalls gut zur Vorweihnachtszeit passen Pomander. Das sind mit Gewürznelken bespickte Orangen. Man kann sie zusätzlich in eine Gewürzmischung einlegen, dann duften sie noch intensiver. Wie echte Orangenpomander angefertigt werden, steht auf Seite 75.

DAS BRAUCHEN SIE

Strohkranz, Tannen- und Koniferenzweige, Moos, rotes Juteband, schmales rotes Stoffband, Bienenwachskerzen, Kerzenhalter, Teller, Anissterne, Muskatnüsse, Zimtstangen, Ingwerwurzelstücke, kleinen Ast, frische Äpfel oder Dekofrüchte, Efeublätter, Naturbast, stabilen Blumendraht, feinen Blumendraht, Messer

WEIHNACHTLICHE TÜRGIRLANDE

Es gehört zu den kleinen Freuden der Weihnachtszeit, eine Girlande an die Tür zu hängen. Sie ist ein freundlicher Gruß für jeden, der die Wohnung betritt.

Türkränze und -girlanden gehen auf einen alten heidnischen Brauch zurück. Man glaubte früher, durch solch einen Schmuck Hexen und böse Geister fernzuhalten. Als besonders wirksam wurden Girlanden betrachtet, die Kräuter und Gewürze enthielten.

GRUNDGIRLANDE WICKELN

- Die Tannen-, Efeu- und Koniferenzweige auf eine Länge von ca. 12 cm schneiden und in Büscheln ordnen.
- Die Enden einer 50 cm langen Kordel zu Schlaufen legen, verknoten und mit breitem roten Stoffband fest umwickeln. An den Schlaufen wird die Girlande später aufgehängt.

- Das Stoffband auf einer Länge von etwa 5 cm um die Kordelenden winden.
- Dann ein Tannenzweigbüschel an dem Ansatz des Stoffbandes um die Kordel legen und mit Blumendraht umwickeln. Das nächste Büschel möglichst eng am ersten Bund befestigen.
- Die Girlande wird von den beiden Enden zur Mitte hin gearbeitet. Dabei darauf achten, daß sich Tannen-, Efeu- und Koniferenbüschel regelmäßig abwechseln.
- Die Mitte der Girlande bildet den Schwerpunkt. Hier wird sie breiter gewickelt und zusätzlich mit Moos und Efeublättern verstärkt.

GIRLANDE DEKORIEREN

- Aus Zimtstangen und Anissternen Gewürzketten herstellen. Dazu in regelmäßigen Abständen auf einen langen Bastfaden Anissterne knoten. Die Zimtstangen erst kürzen und dann mit Bast umwickeln.
- Je ein 5 cm langes Stück stabilen Blumendraht in etwa 8 Muskatnüsse bohren. Die Ingwerwurzelstücke ebenfalls andrahten, indem man sie mit dem feinen Blumendraht umwickelt.
- Jeweils etwa 7 Holunderbeeren auf ein Stück feinen Blumendraht fädeln, zum Ring biegen und die Enden miteinander zum Stiel verdrillen.
- Aus breitem rotem Stoffband eine Schleife binden und ebenfalls andrahten.
- Nun die Gewürzketten lose um die Girlande winden. Die vorbereiteten Muskatnüsse, Ingwerwurzelstücke und Holunderbeerringe in die Mitte des Grüns setzen und anschließend die Schleife anbringen.

DAS BRAUCHEN SIE

Tannen-, Efeu- und Koniferenzweige, Kordel, breites rotes Stoffband, Muskatnüsse, getrocknete Holunderbeeren, Ingwerwurzelstücke, Zimtstangen, Anissterne, Moos, Naturbast, Kupferdraht, feinen Blumendraht, stabilen Blumendraht, Messer

STROHENGEL

Wenn die Nächte länger werden, nutzen viele die stillen Stunden zum Basteln und Spielen mit der ganzen Familie. Aus Stroh – einem der ältesten Materialien für Weihnachtsschmuck – entstehen kunstvolle Engel, die zur Adventszeit stimmungsvolle Atmosphäre in jeden Raum bringen.

Strohhalme, eine Schere, ein Bügeleisen und etwas Zwirn ist fast alles, was Sie zum Anfertigen der Weihnachtsengel brauchen. Braunes Stroh für die Kerze und den kleineren Engel erhalten Sie, indem Sie die Halme längere Zeit bügeln. Manchmal kann man es auch kaufen.

GRUNDFIGUR

- Zuerst die Strohhalme etwa eine Stunde lang in warmes Wasser legen.
- 12 Halme bündeln und 5 cm unterhalb eines Endes mit festem Zwirn abbinden. Die Halmenden an der Abbindestelle einzeln umbiegen und zusammenbinden **(Abb. a)**. So bildet man den Kopf der Engelsfigur.
- Dann für die Schultern 4 Halmstücke mit einer Länge von 6 cm zuschneiden. Die Halme waagerecht unter dem Kopfteil festbinden, wobei je 2 Halme auf der Vorder- und Rückseite des Rumpfes angebracht werden **(Abb. b)**.
- Etwa 25 Halme Langstroh in der Mitte umknicken und der Figur als Rock um die Taille binden **(Abb. c)**. Wichtig: Den Zwirn möglichst fest um die Halme wickeln und gut verknoten.
- Für die Arme 2 Langstrohhalme so durch die Schulterteile schieben, daß sie zu beiden Seiten gleich lang überstehen.
- Das Oberteil des Engelkleides wird aus breiten Strohhalmen gebildet. Dafür einige Strohhalme der Länge nach mit einer Nadel aufschlitzen und flach bügeln. 2 Halmstreifen als Seitenteile an den Schultern und an der Taille ankleben **(Abb. d)**. Dann je einen Halm auf die Vorder- und Rückseite der Figur vom Hals bis zur Taille kleben.
- 2 breite Streifen rechts und links über die Schultern klappen und an der Taille mit Klebstoff befestigen. Mit einer Nagelschere das Oberteil an der unteren Kante vorsichtig in

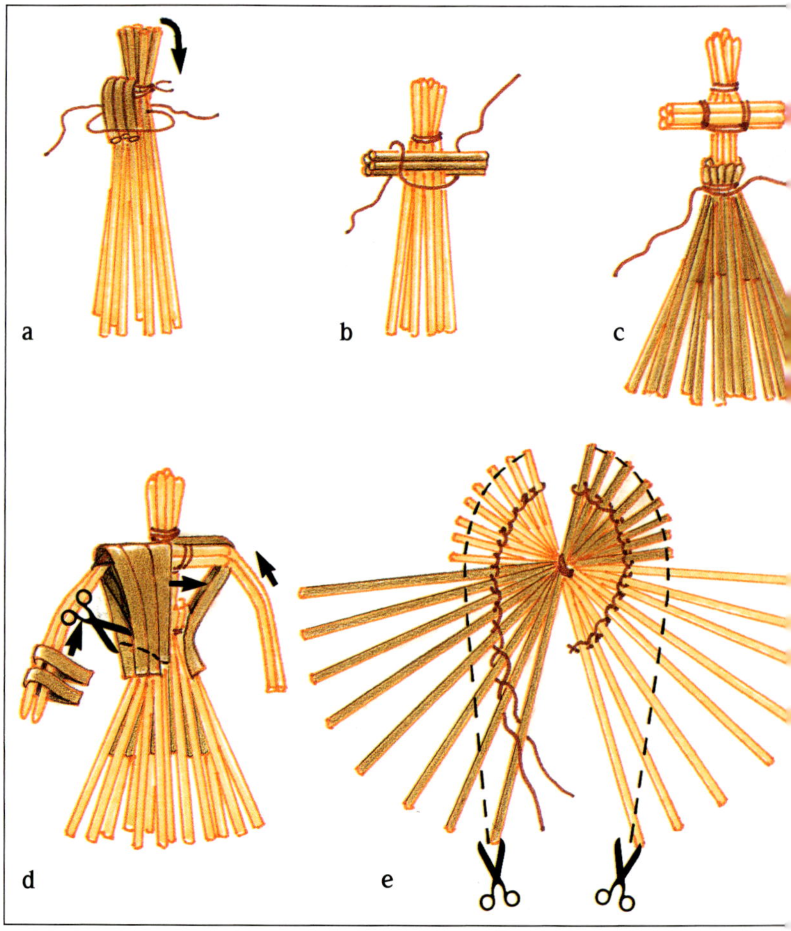

Form schneiden. Es läuft in der Mitte spitz zu **(Abb. d)**.

- Für die Ärmel breite Strohhalme auf die Hälfte umknicken und um die Armhalme kleben **(Abb. d)**. Danach die Ärmel an der unteren Kante schräg abschneiden und eventuell mit einem langen schmalen Halm verzieren.
- Einen weiteren langen schmalen Halm um den Rocksaum kleben.

KERZE UND HEILIGENSCHEIN

- Die Kerze aus einem breit gebügelten Stück Strohhalm mit einer Länge von 14cm gestalten. Das Halmstück in der Mitte umknicken und an den Händen der Engelsfigur befestigen. Aus einem weiteren Halmstück die Flamme ausschneiden und an die Strohkerze kleben.
- Für den Heiligenschein aus 3 gut eingeweichten Strohhalmen einen Zopf flechten und zu einem Reif zusammenbinden. Den Heiligenschein am Hinterkopf des Engels festkleben.

FLÜGEL

- 2 Sterne aus je 8 etwa 22 cm langen Strohhalmen anfertigen (Anleitung siehe Seite 72).
- Die Halme nicht wie üblich in der Mitte, sondern bei einem Drittel kreuzweise aufeinanderlegen und zusammenbinden. Die Sterne spiegelbildlich übereinanderlegen und mit farblich passendem Stickgarn verflechten. Dann den daraus entstehenden 32strahligen Stern in Flügelform schneiden **(Abb. e)** und am Rücken des Engels festkleben.

DAS BRAUCHEN SIE

Strohhalme, Langstroh, Stickgarn, festen Zwirn, Alleskleber, Nadel, Nagelschere, Schere, Bügeleisen

NUSSFIGUREN

Aus Nüssen kann man allerlei lustige Figuren anfertigen. Die Wichtel, Zwerge und Engel schmücken den Adventskranz und sehen auch auf dem Weihnachtsteller ganz reizend aus.

Nußfiguren sind eine Bastelarbeit für die ganze Familie. Sie werden aus so alltäglichen Dingen hergestellt wie Strohhalmen, Tonpapier, Watte sowie Nüssen aller Art.

ERDNUSSZWERGE

■ Für die Hütchen die Vorlage Nr. 1 (blaue Linie) auf Bastelfolie übertragen und ausschneiden. Die Hütchen an den Seiten zusammenkleben und auf Erdnüsse setzen.

■ Dann den Erdnüssen Wattebäusche ankleben, Augen aufmalen und rosafarbene Wattekugeln als Nasen anbringen.

■ Damit die Nußzwerge stehen können, werden sie mit etwas Knetmasse auf der Unterlage befestigt. Wenn man sie aufhängen möchte, zieht man ihnen mit einer Nadel Fäden durch die Mützen.

WICHTEL IN WALNUSSBOOTEN

■ Die Walnußhälften mit Knetmasse füllen. Das sind die Boote.

■ Für einen Wichtel die Vorlage Nr. 2 (rote Linie) zweimal auf Tonpapier übertragen und die Formen ausschneiden. Die Dreiecke aufeinanderkleben und dabei ein Stück Strohhalm zwischenfassen.

■ Aus weißem Papier die Gesichter ausschneiden (Vorlage Nr. 3, rote Linie) und auf die Dreiecke kleben. Augen und Nase aufmalen; die Mützenspitze mit Watte verzieren.

■ Mit einem Nagel vorsichtig je ein Loch in die Knetmasse der Walnußboote bohren und die Wichtel hineinstecken.

HASELNUSSENGEL

■ Für ein Engelkleid die Vorlage Nr. 4 (schwarze Linie) auf Tonpapier übertragen und das Teil ausschneiden. Das Kleid an den Seiten zusammenkleben.

■ Einer Haselnuß Augen und Mund aufmalen und in die obere Öffnung des Kleides kleben.

■ Eine Pergamentpapierschablone für ein Flügelpaar von der Vorlage Nr. 5 (schwarze Linie) anfertigen. Die Schablone an der Bruchkante eines einmal gefalteten Bogens Bastelfolie anlegen und das Motiv ausschneiden. Die Flügel aufklappen und mit Klebstoff an der Rückseite des Engelkleides befestigen.

■ Anschließend dem Haselnußengel blondes Engelshaar aufkleben.

DAS BRAUCHEN SIE

Erdnüsse, Bastelfolie, Watte, rosafarbene Wattekugeln, Walnußhälften, Strohhalme oder Zahnstocher, Knetmasse, Tonpapier und weißes Papier, Haselnüsse, blondes Engelshaar, Pergamentpapier, Filzstifte, Nadel und Faden, Alleskleber, Schere, Nagel

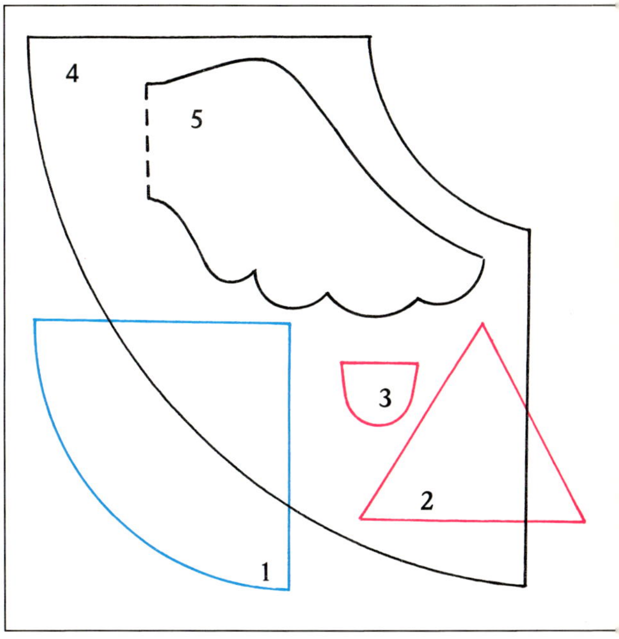

APFELNIKOLÄUSE

Hübsche Tischdekoration und kleine Nascherei: Die pfiffigen Apfelnikoläuse lassen sich schnell und einfach anfertigen. Sie sind nicht nur nett anzusehen, sondern gehören auch zu den „gesunden" Leckereien der Adventszeit.

Die Hüte und Halskrausen der Apfelnikoläuse werden aus Packpapier angefertigt, das man vorher mit Wasserfarben bemalt hat. Einfaches Packpapier erhält durch die deckend oder transparent aufgetragene Farbe das Aussehen von exklusivem Geschenkpapier.

MÜTZE UND HALSKRAUSE BASTELN

- Einen Bogen Packpapier mit Wasserfarben bemalen und anschließend die Farbe gut trocknen lassen.
- Für die Mütze die Vorlage Nr. 1 auf das eingefärbte Packpapier übertragen und die Form ausschneiden. Das Teil an den Seiten zusammenkleben. Den Rand und die Spitze der Mütze mit Watte schmücken.
- Die Halskrause wird aus einem Streifen Packpapier mit den Maßen 4 x 50 cm hergestellt. Den Papierstreifen wie eine Ziehharmonika falten und an einer Seite abschrägen **(Abb. a)**. Die Faltung zum Kreis legen und an den Seiten zusammenkleben. Damit die Krause besser sitzt, befestigt man sie auf einer Kartonscheibe (Vorlage Nr. 2).

WALNUSSKOPF ANFERTIGEN

- Mit dem Handbohrer ein Loch in die „Naht" einer Walnuß bohren und einen Zahnstocher mit etwas Holzleim darin befestigen **(Abb. b)**. Den Leim trocknen lassen.
- Mit Deckweiß und Filzstift die Augen auf die Nuß malen. Dann einen kleinen roten Pompon als Nase aufkleben und einen Bart aus Watte befestigen.
- Die Papiermütze auf den Walnußkopf kleben.

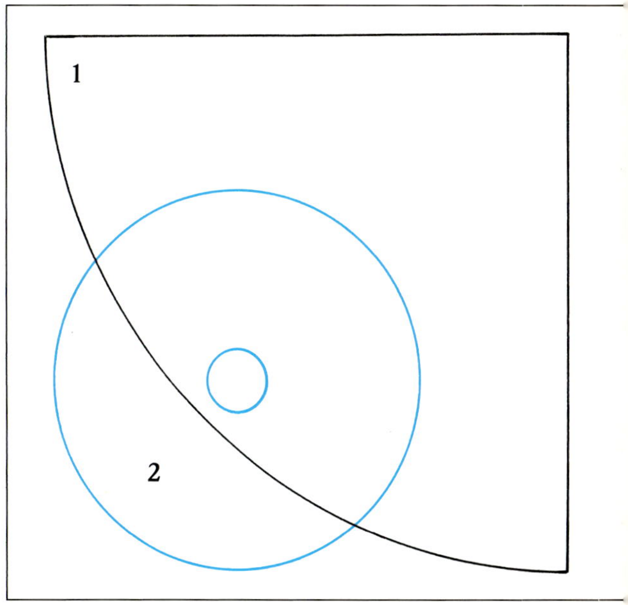

APFELNIKOLAUS ZUSAMMENSETZEN

- Die Halskrause auf den Zahnstocher schieben, der aus dem Nußkopf unten herausragt **(Abb. c)**. Dann den Zahnstocher so in den Apfel stecken, daß Kopf und Halskrause fest auf der Frucht sitzen.
- Für die Hände 2 auf Zahnstocher gesteckte Wattekugeln seitlich in den Apfel spießen.

DAS BRAUCHEN SIE

große Walnuß, Zahnstocher, Karton, schönen roten Apfel, Packpapier, Watte, kleinen roten Pompon oder rote Perle, Wattekugeln, Wasserfarben, Deckweiß, Filzstift, Alleskleber, Holzleim, Schere, Handbohrer

a

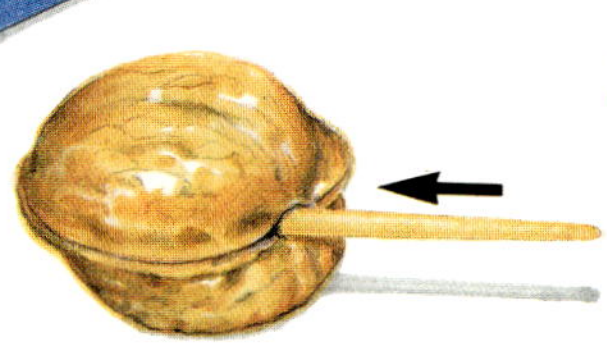
b

c

STROHSTERNE

Alle Jahre wieder sind sie schön anzusehen: zarte Sterne aus naturfarbenem Stroh. Im dunklen Grün des Tannenbaums kommen sie besonders gut zur Geltung. Man kann die Strohsterne auch ans Fenster hängen oder Weihnachtskarten mit ihnen verzieren.

Damit die Strohhalme geschmeidig werden und sich gut verarbeiten lassen, müssen Sie sie zuerst für etwa eine Stunde in warmes Wasser legen. Danach werden die Halme flach gebügelt. Verwenden Sie einen Stapel alter Zeitungen als Unterlage, um das Bügelbrett nicht zu beschädigen. Für besonders breite Sternstrahlen schlitzen Sie die Halme der Länge nach mit einem spitzen Messer auf und bügeln sie anschließend glatt **(Abb. a)**.

KLEINE STERNE

- Pro Stern benötigen Sie 8 Strohhalme. Die Halme auf einer weichen Unterlage kreuzweise übereinanderlegen und in der Mitte mit einer Stecknadel befestigen.
- Nun schmales rotes Schleifenband im Kreis über und unter den Strohhalmen hindurchführen **(Abb. b)**. Die zweite Runde versetzt weben und die Enden des Bandes verknoten.
- Die Nadel entfernen und den Knoten mit einem Tropfen Klebstoff sichern.
- Anschließend die Sternstrahlen gestalten. Hierfür die Enden der Strohhalme schräg, spitz oder keilförmig einschneiden.
- Für die Aufhängung einen Faden durch eine Zacke des Sterns ziehen.

GROSSER STERN

- Zwei Sterne aus je 10 Strohhalmen anfertigen. Dabei wie bei den kleinen Sternen verfahren, nur werden diesmal die Halme mit Nähgarn statt mit Schleifenband verbunden.
- Beide Sterne aufeinanderlegen und nochmals miteinander verweben. Es entsteht ein Stern mit 40 Strahlen.
- Je 4 Halme an den Enden mit Goldkordel zusammenbinden **(Abb. c)**. Etwas Klebstoff auf die Knoten geben, damit sie halten. Die 10 zusammengebundenen Strahlen gleich lang schneiden.
- Einen dritten Stern aus breiten Strohhalmen herstellen. Dazu die eingeweichten Halme aufschlitzen und flach bügeln.
- 2 Halme kreuzweise aufeinanderlegen und mit Holzleim zusammenkleben. Aus zwei dieser Grundelemente und einem weiteren breiten Halm einen zehnstrahligen Stern legen und in der Mitte zusammenkleben. Den Leim trocknen lassen.
- Danach die Enden der Halme spitz zuschneiden.
- Den Stern mit den zusammengebundenen Strahlen auf den Stern mit den breiten Halmen legen und in der Mitte mit einer Stecknadel fixieren. Beide Sterne mit Goldkordel miteinander verweben und den Knoten mit einem Tropfen Klebstoff fixieren. Zum Schluß die Zwirnfäden lösen – der Stern wird durch die Goldkordel zusammengehalten.

DAS BRAUCHEN SIE

Strohhalme, schmales rotes Schleifenband, Goldkordel, Holzleim, Alleskleber, Bügeleisen, alte Zeitungen, weiche Unterlage wie beispielsweise eine Korkplatte, Stecknadel, Nadel, Faden, Schere

a

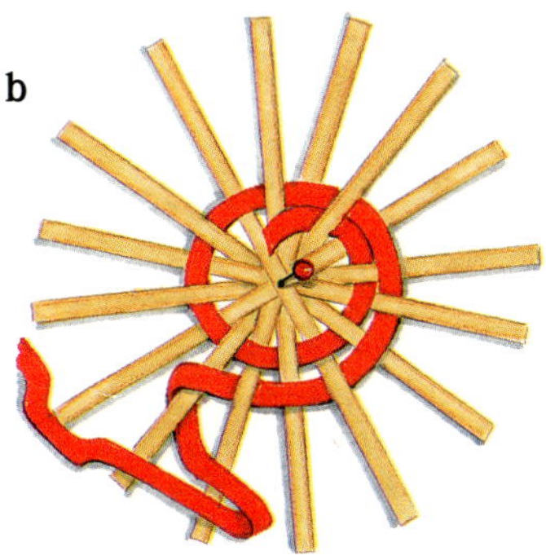

b

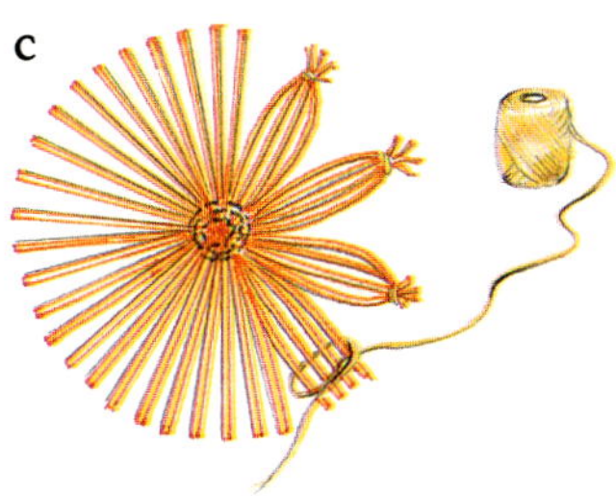

c

WEIHNACHTSDÜFTE

Was wäre die Winterzeit ohne den Duft von Orangen, Gewürzen und Tannennadeln? Das weihnachtliche Potpourri und der Orangenpomander sehen nicht nur dekorativ aus, sondern verströmen auch aromatische Düfte.

Potpourris stellt man bereits seit Ende letzten Jahrhunderts her. Die duftenden Gewürzmischungen parfümieren den Raum, in dem sie stehen. Auch Orangenpomander gehören zu den traditionellen Weihnachtsdeko rationen. Man kann sie auf eine hübsche Schale legen oder an einem Schmuckband aufhängen.

ORANGEN-POMANDER

- Eine Orange rundum mit Gewürznelken bespicken. Dabei zwischen den einzelnen Nelken etwas Abstand freilassen, weil die Orange später trocknet und dabei schrumpft. Die Löcher für die Gewürznelken mit einem Milchdosenöffner vorstechen. Wer will, kann den Pomander auch mit Mustern wie Streifen oder Vierecken gestalten. Einige Beispiele dafür finden Sie auf Seite 62.
- Nach dem Einstecken der Gewürznelken die Orange in einer vorher angemengten Gewürzmischung aus je einem Teelöffel Zimtpulver und Iriswurzelpulver wälzen. Dann die Orange in Wachspapier einschlagen und an einem dunklen Ort etwa 3 Wochen lang reifen lassen.
- Anschließend kann sie mit Golddraht umwickelt auf einer dekorativen Schale arrangiert werden.
- Wenn Sie den Pomander aufhängen wollen, muß die Orange vor dem Bespicken erst längs und dann quer jeweils mit einem Streifen Klebeband umwickelt werden. Nach dem Einlegen in die Gewürzmischung wird der Klebestreifen wieder abgenommen, und um die freigewordenen Stellen wickeln Sie ein passendes Schmuckband zum Aufhängen des Pomanders.

WEIHNACHTS-POTPOURRI

- Den Tee auf den Teller schütten und flach verteilen. Darüber die Gewürznelken, die Orangenschalenstückchen und die Anissterne streuen.
- In der Mitte einige Ingwerwurzelstücke kreisförmig anordnen und getrocknete Rosenblütenblätter dazwischenlegen. Danach den Orangenpomander auf den Wurzelstücken plazieren.
- Mehrere kurze Zimtstangenstücke jeweils zu Bündeln zusammenfassen und mit einer Goldkordel in der Mitte umwickeln. Anschließend die Zimtstangenbündel, die Muskatnüsse und die restlichen Ingwerwurzelstücke auf dem Potpourri verteilen.
- Den Ingwer und die Zimtstangen mit Goldglitter verzieren. Über das ganze Potpourri einen Hauch Goldspray legen.

DAS BRAUCHEN SIE

Adventstee- oder Früchteteemischung, Zimtstangen, Ingwerwurzelstücke, Muskatnüsse, Gewürznelken, Anissterne, getrocknete Orangenschalenstückchen, getrocknete Rosenblütenblätter, Goldkordel, Goldglitter und Goldspray, dekorativen Teller; Orange, Zimt- und Iriswurzelpulver, Schmuckband, Schere, Milchdosenöffner, eventuell Klebeband, Wachspapier

FESTLICHES GESTECK

Ein selbstgefertigtes Blumengesteck belebt die Tafel in der Vorweihnachtszeit. Für ein festliches Arrangement können Sie beispielsweise alles verwenden, was zu dem warmen Farbdreiklang Rot-Grün-Braun paßt: rote Kerze und rotes Schleifenband, braune Nüsse und Zapfen sowie grüne Efeu- und Koniferenzweige.

Grundsätzlich gilt, daß Blumengestecke auf der Tafel die Verständigung sich gegenübersitzender Personen nicht behindern dürfen. Wählen Sie deshalb für Ihr Arrangement eine Stumpenkerze, die nicht höher als 25 cm ist. Dadurch bleibt der Raum in Augenhöhe frei, und das Gesteck wird von niemandem als störend empfunden.

ANLEITUNG

- Zuerst mehrere Zapfen andrahten. Dann 2 Lotosfruchtstände und eine Achillea am Stielansatz mit Blumendraht umwickeln. 2 Granatäpfel sowie mehrere Muskat- und Walnüsse mit einem Stiel aus einem kurzen Stück Blumendraht versehen. Einige Zimtstangen mit Kupferdraht umwickeln und andrahten. Aus breitem Stoffband eine Schleife binden und ebenfalls andrahten.
- Die Trockensteckmasse mit einem Messer zurechtschneiden und in eine Steckschale setzen.
- Die Kerze auf einem Kerzenhalter befestigen und in die Mitte der Trockensteckmasse drücken.
- Mehrere lange Efeuranken, Goalagras und schmales Stoffband an der linken Seite des Gesteckes anbringen. Diese Teile sollen zwei Drittel der Gesamtbreite des Arrangements einnehmen. In die rechte Seite die Schleife setzen. Sie füllt das restliche Drittel aus.
- Danach mit mehreren kurzen Koniferen- und Efeuzweigen die Trockensteckmasse ausstecken.
- Die angedrahteten Achillea, Granatäpfel, Lotosfruchtstände, Zimtstangen, Nüsse und Zapfen rund um die Kerze gruppieren. Von der Trockensteckmasse darf zum Schluß nichts mehr zu sehen sein.

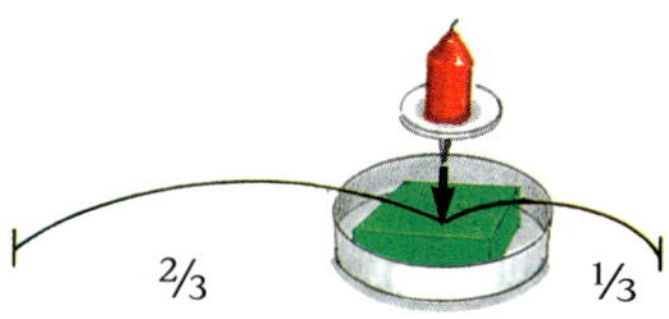

DAS BRAUCHEN SIE

Trockensteckmasse, Steckschale, Kerze, Kerzenhalter, getrocknete Granatäpfel, Lotosfruchtstände, Muskat- und Walnüsse, verschiedene Zapfen, Zimtstangen, Achillea, breites und schmales rotes Stoffband, Efeu- und Koniferenranken, Goalagras, Steckdraht, Blumendraht, Kupferdraht, Messer

DUFTENDER FENSTERSCHMUCK

Wenn's draußen schneit, soll es drinnen warm und gemütlich sein. Deshalb schmückt man im Winter nicht nur die Räume besonders liebevoll, sondern hängt auch nette Kleinigkeiten ins Fenster.
Die Gewürzstangen und der Weihnachtsreif können auch von ungeübten Bastlern angefertigt werden. Sie verbreiten einen zarten Duft und sind eine originelle Dekoration für ein Winterfenster.

Verarbeiten Sie frische Zutaten, um möglichst lange den Duft der Gewürzstangen und des Weihnachtsreifes genießen zu können. Die Anissterne, Wacholderbeeren und Zimtstangen werden einfach mit Golddraht umwickelt oder aufgefädelt. Anordnung und Reihenfolge der Materialien sind nicht festgelegt und können bei jedem Zierstück variieren.

GEWÜRZSTANGEN

■ Zuerst mit kleinen Ausstechförmchen Sterne aus frischen Apfelsinenschalen ausstechen und 1 bis 2 Tage trocknen lassen **(Abb. a)**.
■ Auf ein langes Stück Golddraht abwechselnd Apfelsinensterne, Wacholderbeeren und Perlen aufreihen. Dazwischen Gewürznelken, Anissterne, Nigellaknospen und Zimtstangen setzen. Diese Teile werden befestigt, indem man sie mit Golddraht umwickelt.
■ Sobald die Gewürzstange die gewünschte Länge erreicht hat, den Golddraht zu einer Öse biegen, um das unterste Teil vor dem Herausrutschen zu sichern.
■ Sie können als Abschluß auch einen Gewürzring anbringen. Dazu Apfelsinensterne und Perlen auf ein Drahtstück aufreihen und zum Kreis biegen. Den Ring mit Golddraht an der Gewürzstange befestigen.

WEIHNACHTSREIF

■ Für die Kiefernquasten zunächst einen Streifen Stoff mit Golddraht umwickeln. Dann eine Handvoll Kiefernnadeln bündeln und locker auf eine gerade Unterlage stellen. Ein Ende des Stoffstreifens mit Klebstoff bestreichen und in die Mitte des Kiefernbündels drücken **(Abb. b)**. Nun die Nadeln mit Golddraht fest umwickeln **(Abb. c)**. Wer möchte, begradigt sie zusätzlich mit einer Schere.
■ Aus frischen Apfelsinenscha-len Sterne mit kleinen Kuchenförmchen ausstechen und 1 bis 2 Tage trocknen lassen **(Abb. a)**.
■ Apfelsinensterne, Gewürznelken, Anissterne und Zimtstangen mit Gold- und Bouillondraht umwickeln und um den Reifen „spinnen".
■ Anschließend die Kiefernquasten mit Golddraht am Metallring befestigen.

DAS BRAUCHEN SIE

Apfelsinenschalen, Golddraht, Perlen, Gewürznelken, Anissterne, Zimtstangen, Nigellaknospen, Wacholderbeeren, Schmuckreifen aus Metall, Kiefernnadeln, Bouillondraht, Stoffrest, lösemittelfreien Alleskleber, Schere, Ausstechförmchen

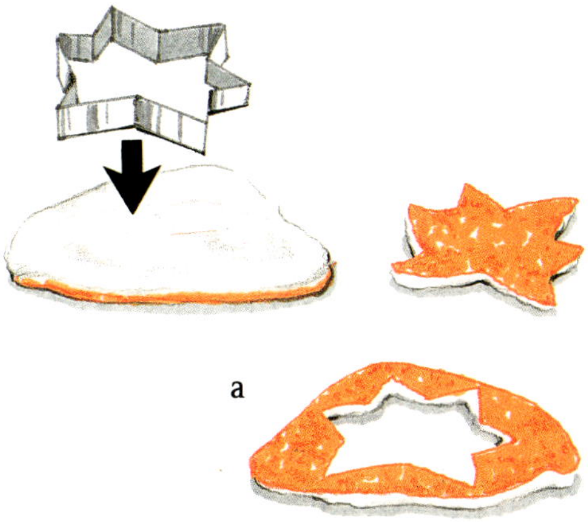

a

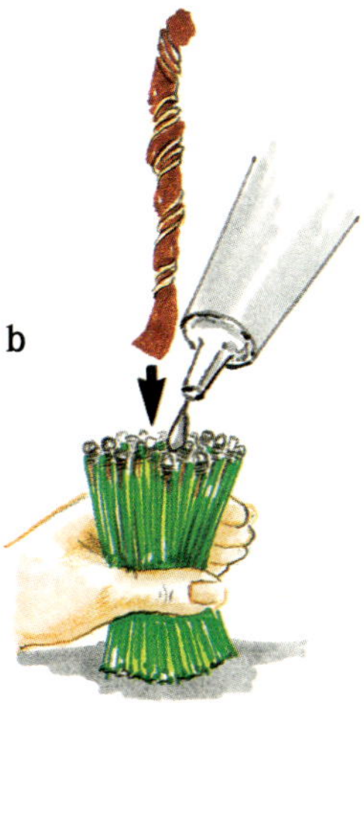

b

c

GESCHENKIDEEN

SCHMUCK AUS DER NATUR

Ohrringe, Broschen, Kettenanhänger und sogar ein Kollier: Alle diese Schmuckstücke werden ausschließlich aus Naturmaterialien hergestellt. Unsere Modelle passen gut zu Winterpullovern, und im Sommer geben sie einfarbigen Leinenblusen den letzten Pfiff.

Sämtliches Material erhalten Sie in Hobbygeschäften oder bringen es von Reisen in tropische Länder mit. Wer einheimische Naturmaterialien vorzieht, sammelt die Früchte, Zapfen und Nüsse selbst und kauft nur Zutaten wie Broschennadeln, Ohrhaken und Halsreife ein.

KIEFERNADELBROSCHE

■ Ein kleines Bündel Kiefernnadeln mit Nähgarn abbinden **(Abb a)**.

■ Das Geschenkband aus Papier mehrfach um die Abbindestelle wickeln und eine Broschennadel auf ein Bandende kleben **(Abb. b)**.

■ Überstehendes Geschenkband abschneiden und das andere Bandende dekorativ auseinanderziehen.

■ Auf die Vorderseite der Brosche einen Kalixpilz, einen kleinen Tannenzapfen, Eicheln, Federn und mehrere Pistazienschalenhälften kleben. In die Mitte des Pilzes eine Canellaperle setzen.

KOLLIER MIT BROSCHE

■ In die nach außen gewölbte Rückseite der exotischen Schote zwei eng nebeneinanderliegende Löcher bohren und einen Silberdrahtring durchziehen. Dann einen zweiten Ring an dem ersten befestigen **(Abb. c)**. Das ist der Aufhänger für das große Kollierschmuckteil.

■ Auf die Vorderseite der Schote Gewürznelken, Kidneybohnen und getrocknete Paprikakerne kleben. Einen Anisstern auf das sichtbare Ende des Silberdrahtringes setzen. 6 Maiskörner auf Golddraht ziehen und auf der Schote befestigen.

■ 30 Kidneybohnen, 8 Haselnüsse und 8 rote Maiskörner durchbohren und auf den Kupferdraht fädeln. Dabei genau die Reihenfolge 3 Kidneybohnen, 1 Maiskorn, 1 Haselnuß, 1 Maiskorn einhalten. Nach der Hälfte der Arbeit den Anhänger aufziehen und die restlichen Materialien auffädeln.

■ Ein Ende des Kupferdrahtringes zu einer geschlossenen Schlaufe umbiegen, das andere Ende zu einer offenen Schlaufe formen.

■ Die Brosche wird ebenso wie der Kollieranhänger gearbeitet. Der einzige Unterschied: Statt des Silberdrahtringes klebt man eine Broschennadel auf die Rückseite **(Abb. c)**.

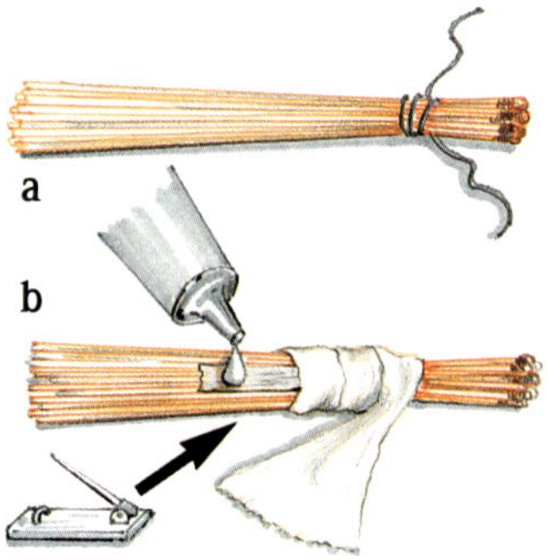

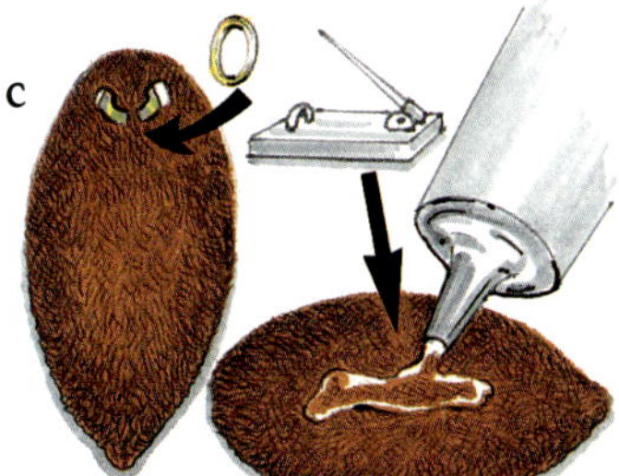

OHRANHÄNGER

■ Durch den Stiel einer Buchecker ein Loch bohren und einen Silberdrahtring durchziehen.

■ Dann in die Mitte der Buchecker einen kleinen Tannenzapfen kleben.

■ 2 Eicheln, 2 Canellaperlen und 1 Feder an der Außenseite der Buchecker befestigen und den Ohrhaken in den Silberdrahtring einhängen.

■ Einen zweiten Ohrhänger spiegelbildlich anfertigen.

KREOLEN

■ Einen Kalixpilz am Stiel durchbohren und einen Silberdrahtring in dem Loch befestigen.
■ Den Pilz auf einen Exotenzapfen kleben und seitlich eine Feder anbringen. Eine Canellaperle in die Mitte des Pilzes setzen.
■ Anschließend den Kalixpilz in die Kreole einhängen.
■ Einen zweiten Pilz schmükken und ebenfalls an einer Kreole befestigen.

MUSCHEL-ANHÄNGER

■ Durch eine große Perlmuttmuschel (siehe Foto links) zwei eng nebeneinanderliegende Löcher bohren. Einen Silberdrahtring durchziehen und dann einen zweiten Ring an dem ersten befestigen **(Abb. a)**.
■ Eine weiße Koralle so in die Muschel kleben, daß sie den Silberdrahtring überdeckt. Danach zwei Miesmuscheln, eine Schneckenmuschel, ein Seepferdchen und einen Seestern auf der Perlmuttmuschel verteilen und festkleben.
■ Den Muschelanhänger auf den Halsreif aus Silberdraht aufziehen.

DAS BRAUCHEN SIE

Kidneybohnen, rote Maiskörner, Haselnüsse, exotische Schoten und Zapfen, Anissterne, Federn, Gewürznelken, getrocknete Paprikakerne, Silberdrahtringe, Golddraht, Kupferdraht, Broschennadeln, kleine Tannenzapfen, kleine Kalixpilze, getrocknete Kiefernnadeln, Nähgarn, Canellaperlen, Eicheln, Geschenkband, Pistazienschalenhälften, Ohrhaken, Bucheckern, Kreolen mit Ohrhängern, Perlmuttmuschel, weiße Koralle, Seepferdchen, Seestern, Miesmuschel, Schneckenmuschel, Silberhalsreif, Handbohrer, Alleskleber

ZAHME TIERE - WILDE PFLANZEN

Diese Haustiere kann man bedenkenlos verschenken. Schaf und Schildkröte benötigen weder Käfig noch Futter, weil sie aus Naturmaterialien gestaltet wurden. Die fast lebensgroßen Pflanzentiere machen es sich gern in einem Blumenfenster bequem, oder sie begrüßen die Gäste im Korridor.

Schaf und Schildkröte werden durch ein Gerüst aus Maschendraht beziehungsweise aus Weidenzweigen geformt. Aufgesteckte Clematisblüten lassen den Eindruck von Schafspelz entstehen, angeklebte Efeublätter sehen wie ein Schildkrötenpanzer aus.

SCHAF

■ Für den Rumpf ein eiförmiges Weidengeflecht herstellen. Dazu ca. 15 blattlose Weidenzweige sternförmig auslegen und in der Mitte mit Wickeldraht verbinden. Die oberen Enden der Ranken ebenfalls mit Draht zusammenfassen. Danach mit möglichst langen

Weidenzweigen das Rumpfteil flechten **(Abb. a)**. Um der Form besseren Halt zu verleihen, einige Zweige kreuz und quer durch das Geflecht winden.

■ Für Beine und Schwanz mehrere Weidenzweige bündeln und in den Rumpf stecken. Die Teile mit dünnen Zweigen und mit Wickeldraht befestigen **(Abb. b)**.

■ Ein weiteres Formgeflecht für den Kopf anfertigen und ebenfalls mit Draht und dünnen Zweigen mit dem Rumpf verbinden.

■ Einige lange Weidenzweige als Ohren seitlich in das Kopfteil stecken, zum Ring binden und mit Efeuranken umwickeln.

■ Die Beine, den Schwanz und den Kopf mit Lappenmoos umwickeln. Dazu grünen Myrtendraht verwenden.

■ Clematisblüten dicht nebeneinander in das Rumpfgeflecht stecken, so daß der Eindruck von Fell entsteht.

■ Anschließend dem Schaf eine Schleife aus Stoffband um den Hals binden und ein Glöckchen umhängen.

■ Das Pflanzentier mit Schlangenhautspray besprühen, um die Blüten zu fixieren.

Schildkröte

■ Zuerst 2 Maschendrahtteile für den Rumpf zurechtbiegen und mit Wickeldraht verbinden. Damit die Schildkröte einen schönen runden Panzer erhält, den Maschendraht an den offenen Seiten einschneiden und die Schnittkanten leicht übereinanderschieben. Dann den Rumpf mit Heu ausstopfen **(Abb. c)**.

■ Kopf, Schwanz und Füße aus Maschendraht oder Weidenzweigen formen. Die Teile mit Lappenmoos und grünem Myrtendraht umwickeln.

■ Den Panzer mit Efeublättern bekleben. Dazu Floralkleber verwenden.

■ 2 Augen aus weißem Karton ausschneiden, mit Filzstift bemalen und auf dem Kopf befestigen.

■ Zum Schluß die Schildkröte mit Schlangenhautspray oder Klarlack besprühen.

Das brauchen Sie

blattlose Weidenzweige, Efeuranken, Lappenmoos, wilde Clematisblüten, Wickeldraht, grünen Myrtendraht, Stoffband, Glöckchen, feinen Maschendraht, Heu, Efeublätter, Floralkleber, weißen Karton, Klarlack, Schlangenhautspray, Filzstift, Drahtschere, Messer

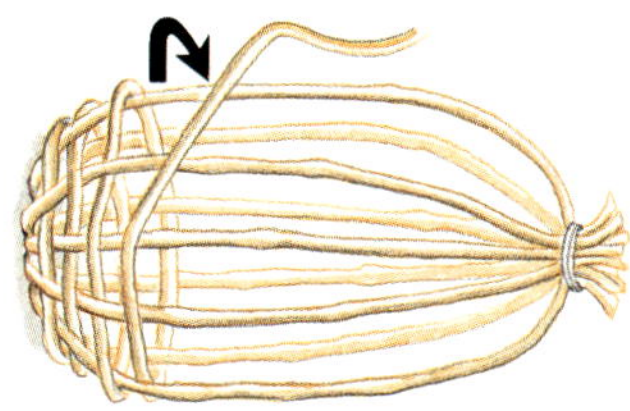

a

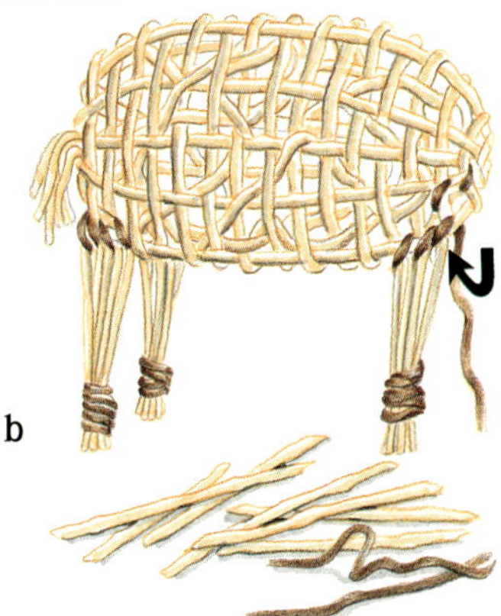

b

c

LAVENDELKÖRBCHEN

Eine Kunst mit Tradition, die man in den Mittelmeerländern und besonders in der Provence Südfrankreichs auch heute noch pflegt, ist das Binden von Lavendelkörbchen.

Auf dem Land überreichte man früher die Lavendelkörbchen als Verlobungsgeschenk. Die junge Braut parfümierte mit ihnen die Wäsche in Schubladen und in Schränken. Auch heute finden die Lavendelkörbchen ihren Platz in der Wäschekommode oder im Kleiderschrank, wo sie nicht nur einen angenehmen lieblich-süßen Duft verströmen, sondern auch Ungeziefer wie Motten abwehren. Lavendelkörbchen kann man mit und ohne eingeflochtenes Band anfertigen, als Stiel- oder als Flechtkörbchen.

DAS BRAUCHEN SIE

frische Lavendelblüten mit Stiel, Schmuckband, Bindfaden, Schere

STIELKÖRBCHEN

■ Für ein Stielkörbchen brauchen Sie etwa 15 bis 20 frische Lavendelblüten mit Stiel.

■ Die Stiele zusammenfassen und mit dem Bindfaden knapp unterhalb der Blütenrispen zusammenbinden. Dann alle Stiele vorsichtig einzeln nach hinten biegen (siehe kleines Foto oben). Die Stielenden zusammenbinden und unten gerade abschneiden.

■ Mit einer dekorativen Schleife aus Schmuckband die Bindestelle verzieren.

FLECHTKÖRBCHEN

■ Für ein Flechtkörbchen benötigen Sie etwa 21 Lavendelblüten mit Stiel. Hierbei ist es wichtig, daß Sie mit einer ungeraden Anzahl von Blütenrispen arbeiten.

■ Die Stiele zusammenfassen und das Ende eines Schmuckbandes knapp unterhalb der Blütenrispen anknoten. Dann wie bei den Stielkörbchen alle Stiele vorsichtig einzeln nach hinten biegen. Das Band abwechselnd so lange über und unter die Stiele führen, bis ein Flechtkörbchen alle Blüten umspannt. Dabei faßt man die Stiele einzeln oder führt den Flechtfaden jeweils über und unter Dreiergruppen von Stielen (Foto unten). Anschließend das Band festziehen und zusammenknoten. Die Stielenden gerade abschneiden.

■ Die Stiele kann man zusätzlich mit Schmuckband umwinden und mit einer Schleife verzieren.

ROSENGRÜSSE

Ob als Tischgesteck oder als Fensterschmuck: Das Rosenarrangement ist der Blickfang eines jeden Raumes. Edle Schmuckbänder und kostbare Blüten verbreiten einen Hauch von Luxus. Ein nicht alltägliches Geschenk für echte Romantiker.

Verwenden Sie für das Gesteck Rosen in allen Schattierungen von dunkelrot bis zartrosé. Die Hortensienblüte, das Dschungelmoos und das grüne Stoffband bilden einen reizvollen farblichen Gegenpol zu den Rottönen.

ANLEITUNG

- In die Mitte des Drahtkorbes einen Block Trockensteckmasse setzen. Sollte der Block zu groß sein, schneiden Sie ihn einfach mit einem scharfen Messer zurecht.
- Mit einer langstieligen Rose zuerst die Höhe des Gesteckes festlegen.
- Anschließend 40 bis 50 Rosen in verschiedenen Höhen in die Steckmasse setzen. Die Blüten dabei Kopf an Kopf stecken, damit die für dieses Arrangement erforderliche Dichte erreicht wird. Einige Blumen zwischen den Stäben des Korbes hindurch in die Steckmasse drücken.
- Danach 5 Pfingstrosen und 1 grüne Hortensienblüte zwischen die Rosen setzen. Einige Gräser mit Wickeldraht zusammenbinden und am Rand des Körbchens befestigen. Wichtig: Achten Sie beim Ausstecken darauf, daß Sie den Korb von Zeit zu Zeit drehen, damit das Arrangement von allen Seiten schön aussieht.
- Grünes Stoffband locker um die Stäbe des Drahtkorbes winden. Das gleiche mit dem rosafarbenen Stoffband und dem Tüllband wiederholen. Die Trockensteckmasse sollte an den Seiten von Blumen und Bändern völlig verdeckt sein.
- Die restlichen Zwischenräume mit Dschungelmoos ausfüllen und über das ganze Gesteck 10 Efeublätter verteilen.

DAS BRAUCHEN SIE

getrocknete Rosen, getrocknete Pfingstrosen, getrocknete grüne Hortensienblüte, Gräser, Dschungelmoos, Efeublätter, breites grünes Stoffband, hellrosa Stoffband, hellrosa Tüllband, Trockensteckmasse, kleiner Drahtkorb, Wickeldraht, Messer

HOCHZEITSGIRLANDE

Für das Hochzeitsessen wird die Tafel so schön wie möglich geschmückt. Die in Grün und Apricot gehaltene Hochzeitsgirlande paßt gut zu dem weiß gedeckten Festtagstisch. Das Besondere dieser Girlande: Sie hat die Form eines dekorativ hingelegten Brautstraußes.

Girlanden verleihen einem Tisch einen unvergleichlich festlichen Charakter. Damit die frischen Blumen das Tischtuch nicht beflecken, kann man ein im Blumengeschäft erhältliches Schleifenband mit einflechten.

ANLEITUNG

- Die Grundform der Girlande aus je 5 Asparagus- und Ruskusstielen sowie 3 Efeuranken auf Schleifenband auslegen und alles mit Kupferdraht umwickeln. Das ist der Unterbau, in dem die übrigen Schmuckelemente ihren Halt finden.
- 10 bis 12 apricotfarbene Rosen auf die passende Länge zurechtschneiden und das Grün der Länge nach mit den Blumen ausstecken. Grünes Nigella und einige Blütendolden ebenfalls in das Gebinde einsetzen. Das schmale Stoffband zu Schlaufen legen, mit Kupferdraht umwickeln und zwischen die Blüten stecken.
- Ein Ende der Girlande mit Bast umwickeln und aus breitem Stoffband eine üppige Schleife darüber binden. Das seitlich überstehende Grün mit Moos und Wildbeeren auspolstern.
- Anschließend das Gebinde mit Bärgras verzieren und grüne Kordel sowie apricotfarbenes Tüllband darüber drapieren.

TIP

Die gleichen Efeuranken, wie sie in der Hochzeitsgirlande verwendet wurden, können Sie zusätzlich über die ganze Tafel verteilen oder um die Plätze der Brautleute winden. So wirkt die gesamte Tischdekoration geschlossener, und der festliche Eindruck der Tafel wird noch verstärkt.

DAS BRAUCHEN SIE

apricotfarbene Rosen, Asparagus, Ruskus, Efeu, Bärgras, Moos, Wildbeeren, grünes Nigella, Blütendolden, weißes Schleifenband, breites und schmales apricotfarbenes Stoffband, apricotfarbenes Tüllband, grüne Kordel, Kupferdraht, Naturbast, Messer

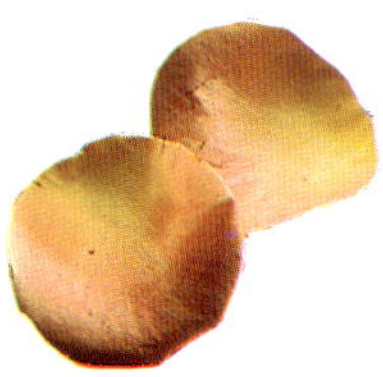

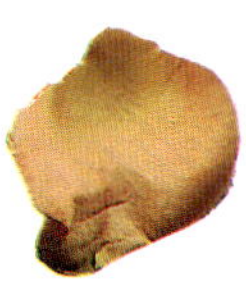

LUSTIGE TISCHDEKORATIONEN

Kinder lieben originelle Tischdekorationen. Die Radieschenmäuse, Tomatenpilze und Gurkenschiffe sind nicht nur zum Anschauen gedacht, sondern sollen auch aufgegessen werden.

Die Gestaltung mit Nahrungsmitteln hat eine lange Tradition. Seit jeher hat man Speisen für Feste phantasievoll verziert. Besonders zu Kindergeburtstagen bietet es sich an, den Tisch mit eßbaren und lustigen Dekorationen zu schmücken.

RADIESCHEN-MÄUSE

- 2 Gewürznelken als Augen und 1 Gewürznelke als Nase in ein Radieschen stecken. Für sehr kleine Augen schneidet man die Nelken vorher etwas zurück.
- Für die Ohren 2 Kerben in das Radieschen schnitzen. Von einem zweiten Radieschen 2 dünne Scheiben abschneiden und als Ohren in die Kerben stecken.
- Die Unterseite des Radieschens gerade abschneiden, damit die Maus eine Standfläche erhält.
- Einen Käse auf eine Holzplatte legen und möglichst viele Radieschenmäuse darauf verteilen.

GURKENSCHIFFE

- Eine Salatgurke vierteln, also einmal längs und einmal quer durchschneiden. Die Ecken jedes Gurkenviertels schräg abschneiden, damit die Teile eine Schiffsform erhalten. Dann das Innere der Viertel aushöhlen.
- Die 4 Schiffe mit Füllung „beladen"(siehe links) und mit Silberzwiebeln und Petersilie dekorieren.
- Für ein Segel eine Gurkenscheibe auf einen Zahnstocher stechen und diesen auf die Füllung setzen.

TOMATEN-PILZE

- Für einen Tomatenpilz ein Ei hart kochen, unter kaltem Wasser abschrecken, auskühlen lassen und die Schale abpellen. Eine Spitze des Eis mit dem Küchenmesser gerade abschneiden, damit man das Ei hinstellen kann.
- Eine Tomate in zwei Hälften teilen, eine Hälfte aushöhlen und oben auf das Ei setzen.
- Mit Mayonnaise aus der Tube weiße Tupfer auf den roten Tomatenpilzhut setzen.

FÜLLUNG

- Eine halbe Tasse Reis kochen und abkühlen lassen.
- Das hartgekochte Eigelb von 4 Eiern mit der Gabel zerdrücken und mit Mayonnaise oder Crème fraîche vermischen.
- 100 g gekochten Schinken in kleine Würfel schneiden und zusammen mit dem Reis unter die Eigelb-Mayonnaise-Mischung geben.
- Das Ganze mit Pfeffer und Salz sowie einer Prise Curry abschmecken.

DAS BRAUCHEN SIE

frische Radieschen, Gewürznelken, großen Käse mit Löchern, Hühnereier, Tomaten, Mayonnaise oder Crème fraîche, Mayonnaise aus der Tube, große Salatgurke, Silberzwiebeln, Petersilie, Holzzahnstocher, gekochten Schinken, Langkornreis, Pfeffer, Salz, Curry, Holzplatte, Küchenmesser, Küchengabel

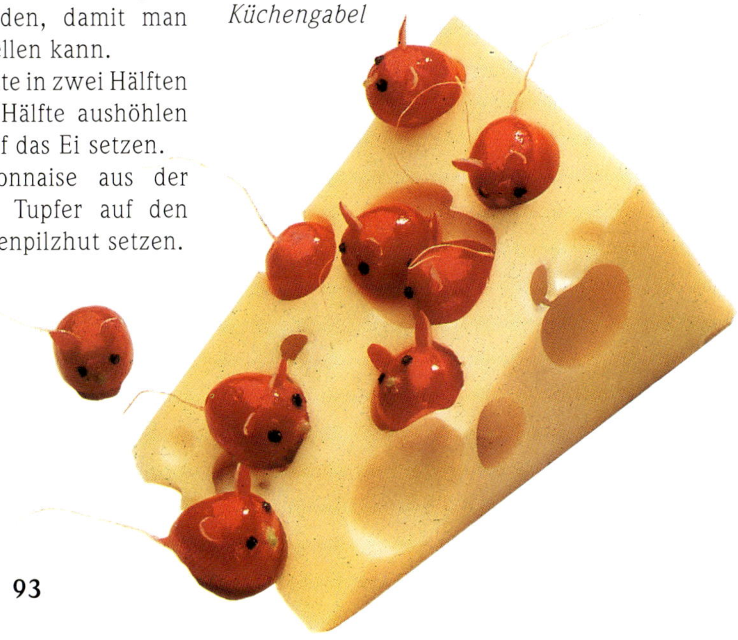

PHANTASIEGEWÄCHSE

Gemüse muß nicht immer im Kochtopf und Obst nicht immer im Salat landen! Hier werden zum Beispiel aus Kartoffeln, Ananas, Mohrrüben und Zucchini täuschend echt aussehende Kakteen, und aus einem Rettich entsteht eine freche Ratte.

Es würde Jahre dauern, um eine so exklusive Kakteensammlung zu züchten. Aus Früchten und Gemüsen läßt sich diese Kollektion in wenigen Minuten herstellen. Die Grundmethode ist für alle Kakteen gleich: Füllen Sie einen sauberen Blumentopf aus Ton bis zum Rand mit Sand oder Reis. Das Loch im Boden des Topfes wird vorher mit etwas Alufolie abgedeckt. Anschließend setzt man die verschiedenen Früchte in die Füllung ein.

KAKTEEN

■ Für den **Kartoffelkaktus** erst eine größere Kartoffel bis zur Hälfte in die Füllung setzen. Dann einen Zahnstocher oben in die Kartoffel stecken und die nächste Kartoffel auf die herausragende Zahnstocherspitze spießen. Die Kaktusarme aus weiteren auf Zahnstocher gesetzten kleineren Kartoffeln bilden.

■ Für den **Ananaskaktus** das obere Teil von einer kleinen Ananas abschneiden und die Frucht mit der Schnittfläche nach unten in die Füllung setzen. Die Ananas rundum mit Zahnstochern bespicken. Danach ein oder zwei Radieschen jeweils bis zum Ansatz blütenförmig einschneiden und oben auf einen Zahnstocher stecken.

■ Das grüne Oberteil der Ananas wird zum **tropischen Gewächs**, wenn man es in einen Miniblumentopf setzt. Wenn Sie den Topf mit Erde füllen und das Ananasoberteil regelmäßig gießen, schlägt es eventuell Wurzeln.

■ Für den **Sternfrucht-** und den **Mohrrübenkaktus** die Frucht beziehungsweise die Mohrrübe in die Sandfüllung des Blumentopfes setzen, mit halbierten Zahnstochern rundum bespicken und – wie beim Ananaskaktus – mit Radieschenblüten schmücken.

■ Für den **Zucchinikaktus** eine kleine Zucchini halbieren. Eine Hälfte mit der Schnittfläche nach unten in den gefüllten Blumentopf setzen. Dann einige Silberzwiebeln als Blüten mit halben Zahnstochern auf der Zucchini befestigen.

RETTICHRATTE

■ Einen großen Rettich gründlich waschen und abtrocknen. Die Blätter, die den Rattenschwanz darstellen, und die Rettichwurzeln, die die Barthaare der Ratte bilden, größtenteils entfernen.

■ Die vordere Spitze des Rettichs abschneiden und ein großes Radieschen mit einem halben Zahnstocher daran befestigen. Weitere Barthaare aus Zahnstochern in die Rettichspitze stecken.

■ Für die beiden Ohren mit dem Küchenmesser zwei große Kerben in den Rettich schnitzen und in die Öffnungen ein Kohlblatt stecken.

■ Für die Augen eine gefüllte Olive in Scheiben schneiden. Je eine Scheibe mit einem Zahnstocher an dem Rettich befestigen, als Augenbraue dient ein Stück Radieschen.

DAS BRAUCHEN SIE

mehrere mittelgroße und kleine Blumentöpfe aus Ton, Alufolie, Sand oder Reis, Holzzahnstocher, Obst und Gemüse wie Kartoffeln, kleine Ananas, Sternfrüchte, Mohrrüben, Zucchini, Radieschen und Silberzwiebeln, außerdem einen großen Rettich, große Kohlblätter, Oliven mit Tomatenfüllung, Küchenmesser

„GEIST"-REICHE PRÄSENTE

Ob zum Tee oder Kaffee, auf Pudding oder Eis, als Nachtisch oder Betthupferl – ein Gläschen Rumtopf oder Aufgesetzter schmeckt immer. Für diese hochprozentigen Spezialitäten schwärmten bereits unsere Großeltern. Besonders gut munden die scharfen Tropfen natürlich, wenn sie aus der privaten „Giftküche" stammen.

Wer seine Freunde mit einer dieser feurigen Mixturen überraschen möchte, muß rechtzeitig mit den Vorbereitungen beginnen, denn der Aufgesetzte braucht eine Ruhezeit von mindestens 6 Wochen. Der Rumtopf reift gar ein ganzes Jahr, wenn man ihn mit vielen Früchten nach und nach füllt. Das Ergebnis lohnt allerdings in jedem Fall den Aufwand.

DAS BRAUCHEN SIE

Steinguttopf, 54prozentigen Rum, Zucker, Früchte wie Erdbeeren, Sauerkirschen, Birnen, Aprikosen, Pfirsiche, Pflaumen und Mirabellen

GROSSMUTTERS RUMTOPF

- Vom Frühjahr bis zum Herbst eines Jahres lagenweise alle Früchte ihrer Reifezeit entsprechend in einen großen Steinguttopf geben. Einzig Äpfel, schwarze Johannisbeeren, Heidelbeeren und Brombeeren gehören nicht mit hinein.
- Das ausgewählte Obst muß reif, aromatisch und gesund sein. Große Früchte wie Birnen, Aprikosen und Pfirsiche in mundgerechte Stücke schneiden. Steinobst bis auf Kirschen entsteinen.
- Das Obst mit der gleichen Gewichtsmenge Zucker vermischen und in den Topf geben. Dann das Ganze mit so viel Rum begießen, daß die Früchte bedeckt sind. Ein halber Liter Rum reicht für 3 bis 4 kg Früchte.
- Es dauert etwa 6 Wochen, bis eine Lage reif ist. Vor dem Nachfüllen den Rumtopf mit einem sauberen Löffel umrühren. Wichtig: Die Früchte müssen immer mit Flüssigkeit bedeckt sein. Bei Bedarf kann Rum nachgegossen werden.
- 6 Wochen nach dem Einfüllen der letzten Lage ist der Rumtopf ausgereift und kann probiert werden.

AUFGESETZTER

- Eine leere Kornflasche mit schwarzen Johannisbeeren zu einem Drittel füllen. Nur reife und gesunde Früchte wählen, die man einzeln von den Rispen genommen hat.
- Dann eine Handvoll Kandiszucker auf die Johannisbeeren geben und die Flasche mit Weizenkorn auffüllen.
- Die Flasche verschließen und auf einer sonnigen Fensterbank etwa 6 Wochen ruhen lassen.
- Den Aufgesetzten filtern und nochmals ein paar Tage stehen lassen. Die beschwipsten Beeren sind ein gutes Mittel gegen Magenbeschwerden. Sie schmecken außerdem ausgezeichnet auf Eis oder Vanillepudding.

KAMILLE-SCHLUMMERLE

Die Schlummerle machen ihrem Namen alle Ehre: Sie duften beruhigend nach Kamille- und Lavendelblüten. Unter das Kopfkissen gelegt oder irgendwo im Schlafzimmer aufgehängt, verbreiten sie wochenlang ihr zartes Aroma. Wenn der Duft verflogen ist, wird die Füllung erneuert.

Ganz kleinen Schnuppernasen sollte man allerdings nur Schlummerle ohne Gesicht in die Hand drücken, weil sie eventuell die aufgeklebten Blütenteile in den Mund nehmen und dabei verschlucken könnten.

DIE DUFTMISCHUNG

- Für die Füllung eines Schlummerles die getrockneten Kamille- und Lavendelblüten zu gleichen Teilen miteinander mischen.
- Um den Duft zu intensivieren 1 bis 2 Tropfen reines ätherisches Kamille- und Lavendelöl zugeben **(Abb. a)**.

FÜLLEN UND VERZIEREN

- Etwa 2 bis 3 Eßlöffel der Duftmischung in die Mitte eines Baumwolltaschentuches geben **(Abb. b)**.
- Das Tuch oberhalb der Mischung zusammenfassen und mit Baumwollfaden verschnüren. Um die Bindestelle eine Schleife aus Schmuckband anbringen **(Abb. c)**.
- Der kugelige Kopf des Schlummerles braucht noch ein Gesicht: Für die beiden Augen die Blütenblätter von Kamilleblüten abzupfen und die gelben Mittelteile auf den runden Baumwollkopf kleben. Für den Mund ein getrocknetes Rosenblütenblatt zurechtschneiden und ebenfalls aufkleben.

TIP

Anstelle von Lavendelblütenöl können Sie auch 2 bis 3 Tropfen Eukalyptus- und Fenchelöl den getrockneten Blüten beifügen. Sie erhalten dann eine Duftmischung, die gegen Erkältungen wirkt.

DAS BRAUCHEN SIE

Baumwolltaschentuch, getrocknete Kamillen- und Lavendelblüten, reines ätherisches Duftöl (Duftnote Kamille und Lavendel), Baumwollfaden, Schmuckband, getrocknetes rotes Rosenblütenblatt, lösemittelfreien Alleskleber, Eßlöffel, Schere

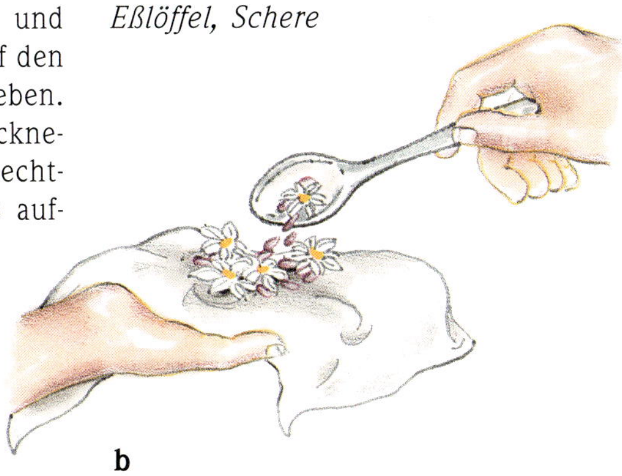

b

a

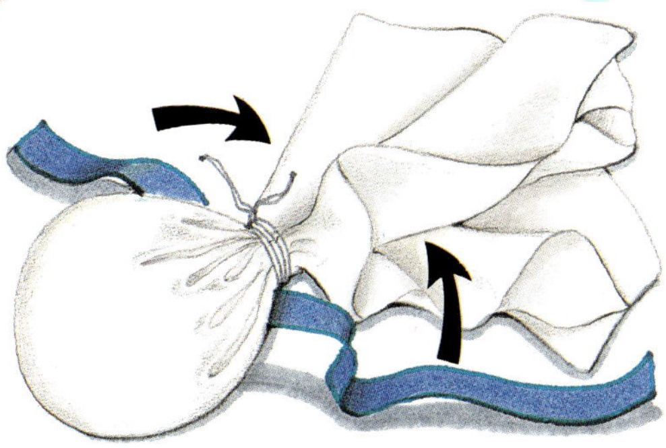

c

BLÜTENKETTEN

Zauberhafte Blütenketten lassen sich ohne viel Aufwand selber machen. Das gelingt bereits ganz kleinen Bastelkünstlern.

An einem Bettpfosten oder an einem Regal aufgehängt, verschönern die dekorativen Blütenketten die Wohnung. Man kann sie außerdem auf einem Potpourri anordnen oder mit ihnen ein Trockenblumengesteck schmücken.

Zur Kette aufgereiht lassen sich auch frische Blüten konservieren. Denken Sie jedoch beim Auffädeln daran, daß die Blüten beim Trocknen etwas schrumpfen. Schieben Sie sie deshalb nach einigen Tagen vorsichtig zusammen, um die neu entstandenen Zwischenräume auszugleichen.

GRUNDANLEITUNG

■ Die Stiele der getrockneten oder frischen Blüten knapp unterhalb des Blütenansatzes abschneiden **(Abb. a)**.

■ Einen langen Faden auf eine Nadel fädeln und mit der Spitze quer durch einen Blütenkopf stechen. Den Faden durchziehen und die nächste Blüte auffädeln **(Abb. b)**. So fortfahren, bis alle Blüten aufgezogen sind und die Kette die gewünschte Länge erreicht hat.

■ Alle Blüten eng aneinanderschieben, die Enden des Fadens miteinander verknoten und abschneiden.

■ Nach Belieben können Sie ausschließlich Blüten einer Sorte und Farbe verarbeiten oder die Kette aus unterschiedlichen Blumenkelchen gestalten.

VARIATIONEN

■ Wenn Sie keine Kette, sondern lieber eine Girlande anfertigen wollen, fädeln Sie die Blüten auf einen entsprechend langen Faden, ohne die Enden miteinander zu verknoten. Die jeweils letzten Blüten am Kettenende müssen mehrfach „vernäht" werden, damit sie nicht verrutschen. Die fertige Girlande am Fenster oder an einer Tür aufhängen.

■ Eine Blütenkette kann, wenn sie nicht zu lang ist, auch als Kranz auf dem Kopf getragen werden. Anstelle eines Fadens sollte man in diesem Fall ein Stück dünnen Gummizwirn nehmen.

■ Kinder lieben Kränze, die aus frischen Blumen geflochten sind. Hierfür faßt man mehrere möglichst langstielige Blumen zu kleinen Bündeln zusammen. Flechten Sie diese zu einem langen Zopf, indem Sie in kurzen Abständen immer wieder neue Blumen dazunehmen **(Abb. c)**. Die Zopfenden zum Ring legen und mit Garn umwickeln.

TIP

Mit einigen auf die Blüten aufgeträufelten Tropfen Duftöl verwandeln Sie die Blütenketten in „Duftketten".

DAS BRAUCHEN SIE

frische oder getrocknete Rosen, Bougainvillea oder andere Blumen, festes Nähgarn, Nähnadel, Schere

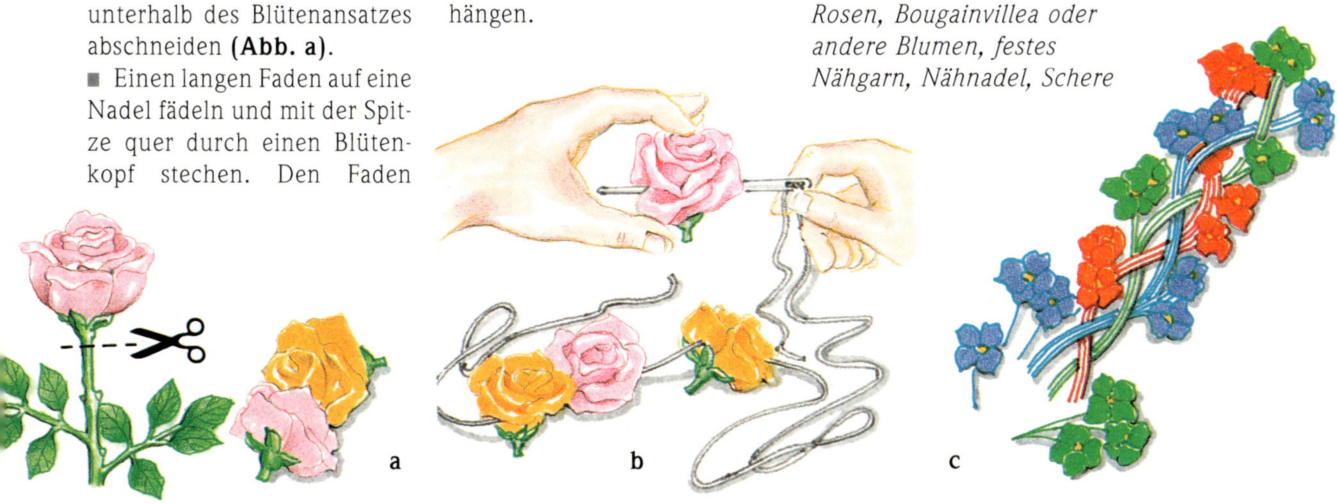

a b c

NATURSETZKASTEN

Kostbar und exotisch wirkt dieser Setzkasten aus dunklem Holz, der mit vielen außergewöhnlichen Naturmaterialien gefüllt ist. Besondere Akzente werden durch die Goldfarbe und den Golddraht gesetzt.

Viele getrocknete Naturmaterialien fallen durch außergewöhnliche Formen auf. In einem Setzkasten können ihre verborgenen Schönheiten wirkungsvoll zur Geltung gebracht werden.

MATERIALIEN VORBEREITEN

- Legen Sie den Setzkasten und alle ausgewählten Materialien bereit. Schauen Sie sich jedes Teil genau an, und probieren Sie aus, in welches Feld des Kastens es von seiner Größe und seiner Form her am besten paßt. Plazieren Sie dann das Teil an der entsprechenden Stelle, entweder am Rand, in einer Ecke oder mitten in einem Kastenfeld.
- Zu große oder zu dicke Teile werden mit dem Messer oder mit der Schere passend zurechtgeschnitten. Oft sieht auch die Unterseite eines Pilzes oder die Schnittfläche einer Kapselhälfte sehr dekorativ aus.
- Die Enden von drei Kornhalmen werden mit Golddraht aneinander befestigt. Außerdem wird ein langer dünner Ast zweimal mit Golddraht umwickelt.
- Ordnen Sie möglichst unterschiedliche Materialien in direkt nebeneinanderliegenden Feldern an.
- Es müssen nicht alle Felder gefüllt werden. Vereinzelte freie Flächen lassen den Setzkasten gleich viel lebendiger wirken.

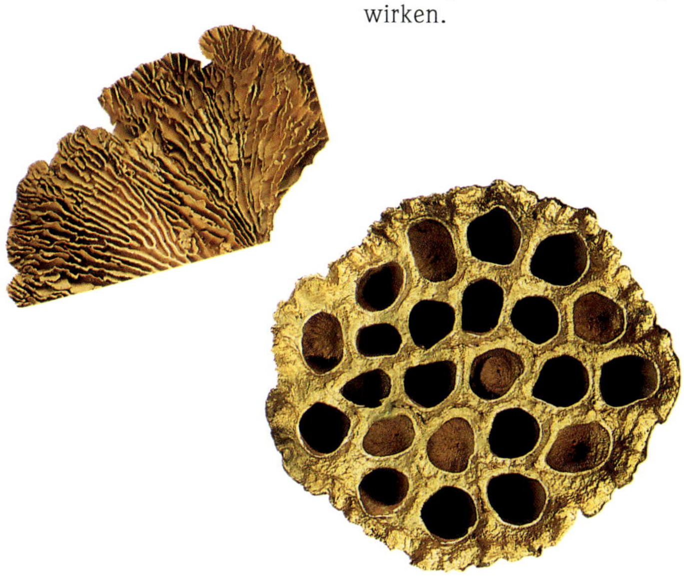

SETZKASTEN EINRICHTEN

- Betrachten Sie die ausgesuchten und im Setzkasten plazierten Materialien genau, und überlegen Sie sich, bei welchen Objekten Sie mit Goldfarbe dekorative Akzente oder Muster setzen wollen.
- Alle Kantenoberseiten des Setzkastens sowie einzelne Innenfelder werden mit Goldfarbe bemalt.
- Lassen Sie die Farbe gut trocknen, und kleben Sie dann die Naturmatieralien in die dafür vorgesehenen Felder.
- Die Kornhalme und der umwickelte Ast werden auf dem gefüllten Setzkasten plaziert und angeklebt. Sobald der Klebstoff getrocknet ist, kann der Natursetzkasten aufgehängt werden.

DAS BRAUCHEN SIE

Setzkasten aus Holz, viele verschiedene getrocknete exotische Naturmaterialien wie Schoten des Affenbrotbaums, Lotos, Schwammpilze, eingerollte Palmrinde, Chilischoten, Cashewnüsse, außerdem Kornhalme, langen dünnen Ast, Golddraht, lösemittelfreien Alleskleber, Pinsel, Goldfarbe, Bastelschere und -messer

MODERNER GEWÜRZSTRAUSS

Wohlriechende Gewürzsträuße sind eine Spezialität aus dem Salzburger Land. Moderne Varianten des strengen Formgebindes stehen heute auch bei jungen Leuten hoch im Kurs.

Einige der Utensilien, die Sie für diesen Gewürzstrauß brauchen, werden Sie sicher bereits im Haus haben. Andere Zutaten wie Moos und Achillea bekommen Sie in Blumengeschäften oder im Gartenfachhandel.
Gewürzsträuße gehören in der Regel zu den preiswerten Geschenken. Darüber hinaus sind sie im Gegensatz zu den Sträußen aus frischen Blumen auch nach Monaten noch schön anzusehen.

MATERIALIEN VORBEREITEN

- Ingwerwurzeln und Würfelzucker mit Bouillondraht umwickeln. Kurze Stücke Steckdraht zu u-förmigen Schlaufen biegen und Zucker- sowie Ingwerstücke damit auffädeln.
- Runde Achillea- und Moosstücke andrahten.
- Dann rotes Stoffband und rotes Juteband zu Schleifen legen und mit einem Stiel aus Steckdraht versehen.
- Kurze Stücke Blumendraht in der Mitte umbiegen und mit den „Drahtgabeln" Lorbeerblätter anstielen.
- Für eine Gewürzkette mehrere Zimtstangen, Gewürznelken und Anissterne in regelmäßigen Abständen an einen langen Bouillondrahtfaden knoten **(Abb. a)**.

GEWÜRZSTRAUSS BINDEN

- Zuerst aus dem angedrahteten Moos und der Achillea einen halbkugelförmigen Strauß binden.
- In die Zwischenräume die Ingwerwurzeln und den Würfelzucker stecken **(Abb. b)**.
- Dann die Gewürzkette in lockeren Windungen über den Strauß legen.
- Aus den Schleifen und den Lorbeerblättern den Randabschluß gestalten. Die Teile locker um den Gewürzstrauß legen und am Stiel mit einer Schleife aus goldenem Geschenkband zusammenfassen.

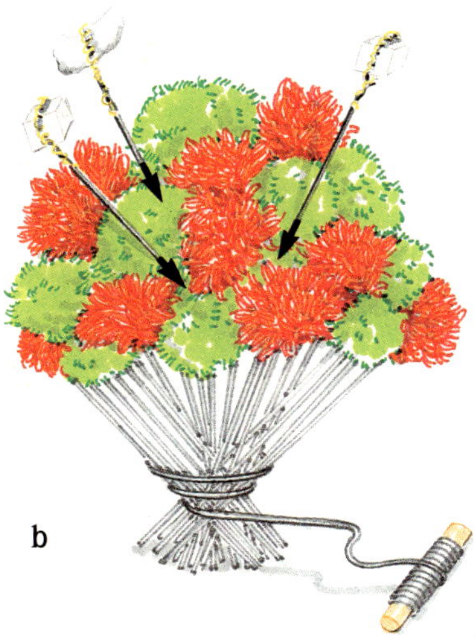

b

DAS BRAUCHEN SIE

Anissterne, Nelken, Ingwerwurzeln, Moos, Zuckerwürfel, Zimtstangen, Lorbeerblätter, rote Achillea, goldfarbenes Geschenkband, rotes Stoffband, Juteband, Bouillondraht, Steckdraht, Blumendraht

a

KÖRNERBILDER

Aus Körnern und Kernen lassen sich einfach und schnell originelle Wandbilder anfertigen wie zum Beispiel der Clown, die Maus oder das Kornfeld. Solche Körnerbilder herzustellen macht auch kleinen Bastlern großen Spaß!

Zuerst sollten Sie festlegen, in welchen Farben Sie Ihr Bild gestalten wollen, denn danach richtet sich die Auswahl der Körner und Kerne. Hier einige Beispiele: Für die Farbe **Grün** können Sie Erbsen wählen, für **Blau** Blaumohn, für **Rot** rote Linsen oder rote Bohnen, für **Gelb** Speisehirse oder Maiskörner, für **Braun** Naturreis, Leinsamen oder braune Linsen, für **Weiß** Milch- oder Langkornreis, für **Naturtöne** Sesam oder Kürbiskerne und für **Schwarz** schwarze Bohnen. Neben den Körnern kann man auch noch andere Materialien verwenden wie getrocknete Blüten oder Stoffreste.

GRUNDANLEITUNG

Lösen Sie den Holzrahmen vom Glas, vom Rahmenrückteil und vom Passepartout ab. Schneiden Sie dann ein Stück hellen Karton in der Größe des Glases zu, und zeichnen Sie auf den Karton die Umrisse des gewählten Motivs. Die einzelnen Motivflächen werden nun nach und nach mit Alleskleber bestrichen. Anschließend werden die Körner darauf gestreut und leicht angedrückt. Nicht haftende Körner schüttelt man wieder ab. Zum Schluß wird der Karton auf das Glas geklebt und mit dem Rückenteil am Holzrahmen befestigt.

KORNFELD

- Zuerst mit Blaumohn den Himmel, dann mit Milchreis die Wolken und mit Speisehirse die Sonne gestalten.
- Die Ackerfläche ganz mit Speisehirse sowie braunen Linsen und einzelnen schwarzen Bohnen bekleben. Etwa 14 Getreidehalme jeweils bis zur Ähre abschneiden und leicht versetzt in einer Reihe auf den Acker kleben.
- Nach Belieben noch einige getrocknete Blüten ins Kornfeld setzen.

CLOWN

- Erst den Bildhintergrund mit Milchreis, dann den Hut mit Leinsamen gestalten. Den Hutrand mit Blaumohn verzieren. Auf den Hut 2 dünne Kornhalmstücke sowie auf die rechte Hutseite eine Blume aus Kürbiskernen kleben.
- Für das Gesicht Speisehirse nehmen. Die Nase und den Mund mit roten Linsen, die Augen, die Nasenlöcher und den Mundzwischenraum mit Blaumohn bekleben. Zwei schwarze Bohnen stellen die Pupillen dar.
- Die Jacke des Clowns aus den gleichen Körnersorten gestalten, die für das Gesicht genommen wurden, also Speisehirse, Linsen und Blaumohn. Eine „kernige" Schleife ziert den Clown zusätzlich.

MAUS

- Den Bildhintergrund mit Speisehirse ausfüllen und den Körper der Maus mit Blaumohn gestalten. Einige Linsen unten auf die Hirse kleben.
- Für die Ohren 2 Kürbiskerne ankleben, für das Auge eine braune Linse, für die Nase und die Hinterpfoten jeweils eine schwarze Bohne nehmen.
- Den Schwanz und die Vorderpfote aus je einem Stück Kordel gestalten.
- Eine Getreideähre auf die Vorderpfote der Maus kleben und eine weitere Ähre auf den Holzrahmen setzen.

DAS BRAUCHEN SIE

Holzbilderrahmen, hellen Karton, Bleistift, lösemittelfreien Alleskleber, viele verschiedenfarbige Körner und Kerne wie zum Beispiel Sesam, Milch-, Langkorn- und Naturreis, Speisehirse, Leinsamen, Linsen, Erbsen, Mais, Apfelkerne, Getreidekörner, Kürbiskerne, Bohnen, Blaumohn, außerdem getrocknete Blüten, Kordel, dünne Getreideähren, Schere

EXOTISCHE FENSTERDEKORATION

Fernöstlichen Charme besitzt dieser ausgefallene Fensterschmuck mit seinen kunstvoll geflochtenen Zweigen, seinen Bambusstäben und Lotosfruchtständen. Ein hübsches Geschenk, das man guten Freunden statt des üblichen Blumenstraußes überreichen kann.

Das wie ein Halbmond gebogene Zweiggeflecht erhält man in Läden, die Korbwaren führen. Auch in Blumenfachgeschäften sind häufig ausgefallene Flechtwaren zu finden.
Papierblumen gibt es in vielen Seidenblumengeschäften und auch in Bastel- und Hobbyläden zu kaufen.

ANLEITUNG

- Zuerst 3 Bambusstäbe in das Zweiggeflecht stecken.
- Dann mit 2 Papierblumenblättern den Schwerpunkt des Gesteckes festlegen. Dazu die Blätter mit Naturbast in dem Geäst festbinden. 7 Mohnkapseln stufenweise angeordnet über der Basis in das Zweiggeflecht setzen. Eukalyptusfrüchte, exotische Nüsse und Schoten sowie Lotosfruchtstände mit Bast umwickeln und im Geäst festknoten.
- Anschließend ein Stück rotes Juteband in das Arrangement einbinden.
- In den unteren Teil des Zweiggeflechts kleine Hülsenfrüchte füllen und das Geäst mit Naturbast umwickeln.
- In den oberen Teil des Geflechts schwarze Netzblätter stecken.

TIP

Wer möchte, kann ein Flechtkörbchen mit den übriggebliebenen Naturmaterialien füllen und zu der Zweigdekoration ins Fenster setzen.

DAS BRAUCHEN SIE

halbmondartig gebogenes Zweiggeflecht, Bambusstäbe, Mohnkapseln, Papierblumenblätter, Eukalyptusfrüchte, Lotosfruchtstände, exotische Nüsse und Schoten, schwarze Netzblätter, rotes Juteband, Naturbast

Naturverpackungen

MAISON LAURENT-PERRIER
DOMAINE DE TOURS-SUR-MARNE
CHAMPAGNE
ESTD. 1812
Laurent-Perrier
BRUT
CHAMPAGNE
Veuve Clicquot Ponsa
REIMS
FRANCE

BLÜTENFLASCHEN

Nicht immer muß die Verpackung das Geschenk verhüllen. Es kann auch sehr reizvoll sein, wenn das Präsent sichtbar bleibt. So kommen zum Beispiel erlesene Tropfen durch eine florale Dekoration erst richtig zur Geltung.

Eine Wein- oder Champagnerflasche mit Pflanzen zu verzieren ist einfacher, als es vielleicht aussieht. Wie bei einem Gesteck werden die Blüten und Gräser zuerst angedrahtet und dann um den Flaschenhals gebunden.
Wichtig: Verpackungen mit frischen Blumen sollten unbedingt an dem Tag, an dem das Geschenk überreicht wird, angefertigt werden. Sonst ist die Gefahr zu groß, daß die Pflanzen welken.

FLASCHE MIT ROTEN ROSEN

■ Von 4 roten Rosen die Stielblätter entfernen. Dann die Rosenstiele mit Kupferdraht umwickeln und damit an den Flaschenhals binden. Einige Getreideähren sowie Nigellaknospen andrahten und ebenfalls gut am Flaschenhals befestigen.
■ Die Flasche an Hals und Bauch mit Naturbast umwickeln.
■ Schmales rotes Stoffband zu Schlaufen legen und in der Mitte mit Kupferdraht umwickeln. Die Schleife zusammen mit 2 angedrahteten Rosenblüten und 3 Kornhalmen am unteren Flaschenrand anbringen.
■ Anschließend die Blumendekoration mit goldenem Bouillondraht verzieren. Dazu den Draht lose um die Kornhalme und Rosenstiele wikkeln und mehrfach um den Flaschenbauch binden.

FLASCHE MIT SCHLEIFE

■ 2 apricotfarbene Rosen, einige Nigellaknospen und 1 Sedumblüte andrahten.
■ Mehrere Kornhalme auf eine Länge von etwa 10 cm schneiden und zu zwei Büscheln zurechtlegen. Die Halmbündel in der Mitte mit Kupferdraht umwickeln.
■ Aus breitem apricotfarbenem Stoffband eine Schleife binden und ebenfalls mit einem Drahtstiel versehen.
■ Sämtliche Dekorationsmaterialien nacheinander um den Flaschenhals binden. Dabei mit den Rosen beginnen, dann die Halmbündel von der anderen Seite dagegensetzen und in die Zwischenräume die Nigellaknospen und die Sedumblüte stecken. Zum Schluß die Schleife anbringen.
■ Einen Strang Kupferdraht zu einer losen Schlaufe drehen und dekorativ auf dem Blütenschmuck verteilen.

DAS BRAUCHEN SIE

Getreideähren, Kornhalme, Nigellaknospen, Rosen, Sedum, Naturbast, Kupferdraht, goldenen Bouillondraht, breites apricotfarbenes Stoffband, schmales rotes Stoffband, Messer

BLÄTTERROLLE

Hier gehört die Verpackung gleich mit zum Geschenk: In der edlen Blätterrolle lassen sich später Stifte, Bonbons oder Bilder aufbewahren. Ein ausgefallener Vorschlag, den Sie mit wenig Aufwand nacharbeiten können.

Rollen aus Karton gibt es in verschiedenen Größen. Grundsätzlich können sie alle mit Blättern und Moos beklebt werden. Die Form der Blätterrolle läßt sich außerdem je nach Art des Präsentes abwandeln. Wenn Sie beispielsweise eine Weinflasche verschenken wollen, stellen Sie die Rolle aufrecht hin und setzen nur eine Mooskugel auf den Deckel. Wichtig: In diesem Fall muß die untere Verschlußkappe vor dem Verpacken fest an die Kartonrolle geklebt werden.

ANLEITUNG

- Die beiden Verschlußkappen einer Versandrolle mit Lappenmoos bekleben.
- Aus Steckdraht 2 u-förmige Schlaufen biegen und je eine Schlaufe von unten durch eine Verschlußkappe stechen. Die Drahtenden stehen auf der mit Moos verzierten Seite über **(Abb. a)**.
- 2 Kugeln aus Lappenmoos formen und mit Kupferdraht umwickeln. Die Mooskugeln fest auf die herausstehenden Drähte stecken, die Drahtenden umbiegen und die Kugeln hochschieben **(Abb. b)**.
- Anschließend die Verbindungsstelle zwischen Rolle und Kugel mit Kupferdraht abbinden **(Abb. b)**. Mit zum Kreis gelegter Rayonkordel die Verschlußkappen verzieren.
- Etwa 6 Schusterpalmblätter mit Floralkleber bestreichen und von der Blattspitze aus um die Versandrolle herumlegen **(Abb. c)**. Die Blattstiele werden zusätzlich befestigt, indem man sie mit Kupferdraht umwickelt.
- Einen Kranz aus getrockneten Rosenblüten anfertigen. Dazu die Blüten auf dünnen Kupferdraht aufziehen. Diese Verzierung um die Rolle legen und die Drahtenden miteinander verzwirbeln.
- Danach Naturbast um die Versandrolle wickeln und die Verpackung mit Perlen sowie kleinen Trockenfrüchten und -blüten dekorieren.

a

b

c

DAS BRAUCHEN SIE

Versandrolle, Lappenmoos, Schusterpalmblätter, getrocknete Rosenblüten, Naturbast, kupferfarbene Rayonkordel, kleine Trockenfrüchte und -blüten, Perlen, Steckdraht, Kupferdraht, Nadel, Floralkleber

KORKPÄCKCHEN

Neue Verpackungsideen entstehen oft durch ungewöhnliche Materialien. Aus Kork lassen sich originelle Geschenkhüllen zaubern. Hier liegt das Präsent zwischen zwei Korkplatten, die durch Bambusstäbe zusammengehalten werden.

Diese Verpackung eignet sich für alle flachen Geschenke wie Bücher, Hemden oder CD-Platten. Berechnen Sie vorher die Größe der Korkplatten und die Länge der Bambusstäbe, damit das Geschenk genau in die Umhüllung hineinpaßt.

a

ANLEITUNG

■ 2 gleich große Korkplatten übereinanderlegen und an den Seiten mit Klebeband fixieren. Mit dem Handbohrer in jede der vier Plattenecken ein Loch bohren **(Abb. a)**.

■ Das Klebeband wieder lösen. Dann einen Bambusstab in 4 gleich lange Teile schneiden. Die Bambusstäbe vorsichtig in die Löcher der unteren Korkplatte stecken und festkleben. Bis der Kleber angezogen hat, ein Buch als Unterlage unter die Platte schieben **(Abb. b)**.

■ Anschließend das Geschenk in Seidenpapier einwickeln und auf die untere Korkplatte legen. Die zweite Platte von oben auf die Bambusstäbe stecken und bis auf das Geschenkpäckchen hinunterdrücken **(Abb. c)**.

■ Mit Floralkleber einige Blätter auf die obere Korkplatte setzen. Mehrere Holzperlen auf Kupferdraht fädeln und um die überstehenden Bambusenden wickeln. Ebenso ein Stück Zierkordel um die Bambusstäbe binden. Die Kordel mit Efeuranken, Farnwedeln und Blütenkolben umwickeln **(Abb. d)**.

DAS BRAUCHEN SIE

Korkplatten, Bambusstäbe, Efeuranken, Farnwedel, Holzperlen, Blütenkolben, Seidenpapier, Zierkordel, Kupferdraht, Alleskleber, Floralkleber, Klebeband, Handbohrer

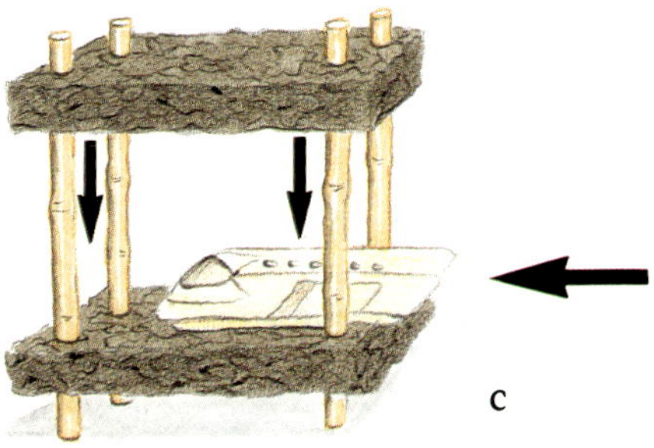

c

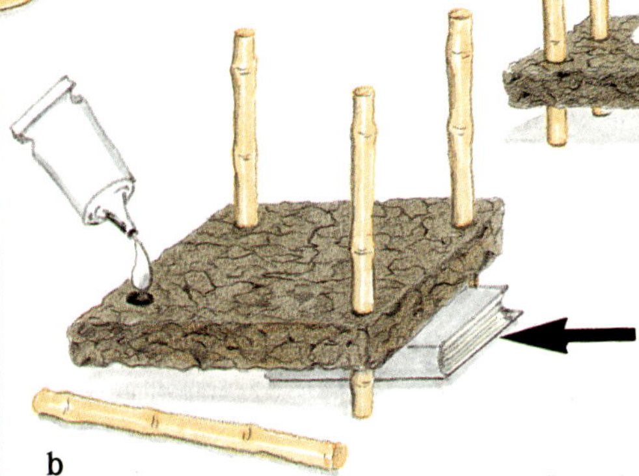

b

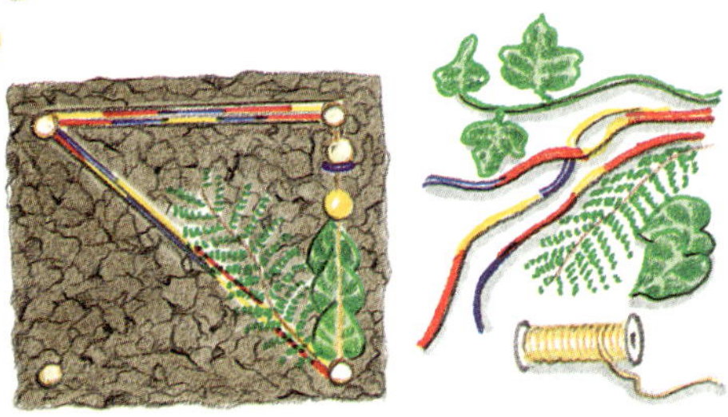

d

SANDSCHALE

Wer wird da nicht neugierig auf den Inhalt? Das Geschenk ist bis auf einen kleinen Zipfel in dem Sandhügel vergraben und wartet – wie der geheimnisvolle Goldschatz der Seeräuber – darauf, geborgen zu werden. Nachdem der Empfänger seine Überraschung ausgepackt hat, kann man die Sandschale als Tischdekoration weiterverwenden.

Wenn Sie größere Präsente „vergraben" möchten, füllen Sie statt der Glasschale einen Karton oder eine Holzkiste mit Sand auf. Besonders Geschenke mit verräterischen Formen sind so vor verfrühtem Erkennen sicher.

ANLEITUNG

■ Das Geschenk in Papier einschlagen und in die Glasschale legen. Dann die Schale so weit mit Sand auffüllen, bis nur noch der obere Zipfel des Geschenkpäckchens zu sehen ist **(Abb. a)**.

■ 2 Stücke Steckdraht abschnittsweise mit Stoffband, Goldband und Satinkordel umwickeln. Um das Stoffband zusätzlich Kupferdraht binden **(Abb. b)**. Die Drähte leicht biegen und an den Enden in den Sand stecken.

■ Auf ein langes Stück Kupferdraht in unregelmäßigen Abständen Beeren auffädeln. Die erste und die letzte Beere mit den Drahtenden umwickeln. Dann die Beerenkette auf die Glasschale legen.

■ Muscheln, Seesterne und Perlen leicht in den Sand eindrücken. Mit Blättern und kleinen Zweigen die Schale zusätzlich ausschmücken.

a

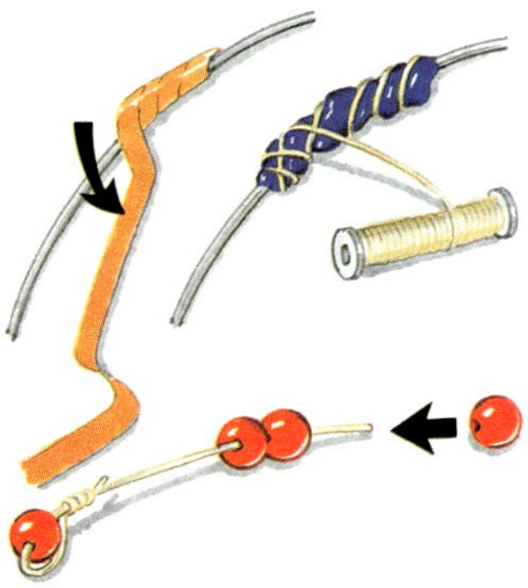
b

c

TIP

Geburtstagskinder erhalten eine Sandschale mit 2 bis 3 Teelichtern, die kurz vor der Übergabe angezündet werden **(Abb. c)**.

DAS BRAUCHEN SIE

Glasschale, Muscheln, Sand, Seesterne, Blätter, kleine Zweige, Beeren, Farnwedel, Perlen, Geschenkpapier, Stoffband, Goldband, Satinkordel, Kupferdraht, Steckdraht

BLUMENGRÜSSE

Statt der üblichen Schleife ziert diesmal ein keines Blumenarrangement das Geschenk. Eine Verpackungsidee, die sicher viele Nachahmer finden wird.

Auf dem farblich neutralen Packpapier sehen nahezu alle Pflanzen gut aus. Sie können daher die Blumen der Jahreszeit entsprechend wählen oder die Lieblingsblüten des Empfängers verarbeiten. Auch kleine Trockenblumen- und Gewürzgestecke sind als Geschenkdekoration möglich.

ANLEITUNG

- Zuerst das Geschenk in einen festen Karton setzen und in Packpapier einwickeln.
- Dann den Blumentopfuntersetzer mit einigen Streifen doppelseitigem Klebeband auf der Sichtseite des Kartons befestigen. Dann einen Steckschwamm wässern, zurechtschneiden und in den Untersetzer einpassen **(Abb. a)**.
- Die Ranken und langstieligen Pflanzen wie Schachtelhalm, Efeu und Farn so in die Steckmasse setzen, daß sie diagonal auf dem Paket liegen. Mit großen Blättern die Schale bedecken **(Abb. b)**. Anschließend Blumen und Früchte wie Rosen, Fackellilien und Hagebutten in das Arrangement einfügen.

DAS BRAUCHEN SIE

Blumentopfuntersetzer, Karton, Packpapier, doppelseitiges Klebeband, Steckschwamm, größere Blätter, Ranken und langstielige Pflanzen wie Efeu, Schachtelhalm und Farne, außerdem Blumen und Früchte wie Rosen, Fackellilien und Hagebutten

a

b

BLÄTTERSCHACHTELN

Wer garantiert umweltfreundliche Verpackungen anfertigen möchte, nimmt zum Einwickeln der Geschenke am besten Materialien, die die Natur selbst hervorgebracht hat wie zum Beispiel Blätter, Halme, Ranken und Zweige. Diese Dinge sehen nicht nur hübsch aus, sie sind auch vollständig biologisch abbaubar. Das bedeutet: Man kann die gesamte Verpackung – sobald das Geschenk entnommen wurde – auf den Kompost geben.

Frische Blätter sind leichter zu verarbeiten als getrocknete Pflanzen, weil sie sich ein wenig biegen lassen ohne zu brechen. Für Blätterschachteln, die später aufbewahrt werden sollen, nimmt man daher möglichst kleinformatiges Trockenmaterial und setzt die Teile dicht nebeneinander auf den Karton.

ANLEITUNG

- Die Efeublätter entstielen und auf den Karton kleben. Dabei auf der Unterseite des Kartons beginnen und Reihe für Reihe hocharbeiten. Die Blattspitzen weisen immer in die gleiche Richtung. Wichtig: Die Unterseite der Efeublätter muß trocken sein, weil sonst der Klebstoff nicht haftet. Die gesamte Schachtel mit Blättern bedecken, bis nichts mehr von der Unterlage zu sehen ist.
- Wer möchte, klebt als Kontrast auf die Sichtseite der Schachtel eine zweite Lage andersfarbiger Blätter auf.
- Anschließend den Karton mit Hopfenranken, Schachtelhalm und Lampionblumen verzieren. Wildbeeren und Blüten erst am Stiel mit Kupferdraht umwickeln, bevor sie an der Schachtel befestigt werden.
- Kleine Überraschungsgeschenke wie Messingsonnen oder Terracottamonde ebenfalls mit Kupferdraht auf dem Blätterkarton anbringen.

TIP

Damit sich die Blätter besser verarbeiten lassen, werden sie vorher am Schaft mit dem Messer abgeflacht. Ohne den harten Stiel in der Mitte kann man auch große Blätter leicht in die gewünschte Form biegen.

DAS BRAUCHEN SIE

einen Karton, Efeublätter, Schachtelhalm, Hopfenranken, Blüten, Lampionblumen, Wildbeeren, kleine Messingsonne oder Terracottamond, Floralkleber oder Heißkleber, Kupferdraht, Messer

MATERIALKALENDER

● kaufen   ○ sammeln

Material	Frühling	Sommer	Herbst	Winter	Anmerkung
Achillea					siehe Schafgarbe
Affenbrotbaum *Adansonia*	●	●	●	●	Verarbeitet werden beim Basteln die großen, filzigbehaarten Früchte.
Ahorn *Acer*		○	○		Charakteristische Flügelfrüchte; vielgestaltige Blattformen, im Herbst mit interessanter Färbung.
Ananas *Ananas sativus*		●	●	●	Aus der dekorativen Scheinfrucht lassen sich originelle Mitbringsel herstellen.
Anis *Pimpinella anisum*	●	● ○	● ○	●	Dekorativ sind die sternförmigen Samen (Anissterne).
Anthurie *(Flamingoblume)*	● ○	● ○	● ○	● ○	Zimmerpflanze; herzförmige Blätter, in Blumengeschäften erhältlich.
Apfel *Malus*	● ○	● ○	● ○	● ○	Zum Gestalten verwendet man die frischen Früchte und die Kerne.
Aprikose *Prunus armeniaca*		● ○	● ○		Frische Aprikosen werden dem Rumtopf zugesetzt. Man verarbeitet sie auch zu Marmeladen und Säften.
Asparagus *(Zierspargel)*	● ○	● ○	● ○	● ○	Zimmerpflanze; Zweige mit nadelartigen Scheinblättern, in Blumengeschäften erhältlich.
Aspidistra *(Schusterpalme)*	● ○	● ○	● ○	● ○	Zimmerpflanze; große Blätter, in Blumengeschäften erhältlich.
Bambus *Pseudeosasa*	●	●	●	●	Die schlanken Stengel gibt´s im Gartenfachhandel, in Heimwerkermärkten und Hobbyläden zu kaufen.
Bärgras					siehe Gräser
Basilikum *Ocimum basilic.*			● ○	● ○	Das wohlriechende frische Küchenkraut sieht in Gewürzkränzen gut aus.
Begonie *Begonia*	● ○	● ○	● ○	● ○	Die Blüten lassen sich das ganze Jahr über für Gestecke verwenden.
Bergenie *Bergenia*	● ○	● ○			Im Gegensatz zur Blüte sind die Blätter das ganze Jahr über zu erhalten.
Binsen *Juncus*	● ○	● ○	● ○		Man schneidet Binsen während der Blütezeit oder wenn der Samenansatz begonnen hat.
Birne *Pyrus*		● ○	● ○	● ○	Die dekorativen Früchte finden u. a. in herbstlichen Gestecken Verwendung.
Blätter		● ○	● ○	● ○	Blätter mit schöner Herbstfärbung kann man pressen. Frische Blätter werden in Gebinden verwendet.
Bohnen *Phaseolus*	●	● ○	● ○	●	Bohnen gibt es in verschiedenen Farben und Größen. Sie werden u. a. für Körnerbilder benötigt.

Material	Frühling	Sommer	Herbst	Winter	Anmerkung
Bougainvillea *Bougainvillea*	● ○	● ○			Zweige des hübschen Zierstrauches w den gern für Gestecke verwendet.
Brombeere *Rubus*		○	○		Brombeerzweige mit Früchten sehen Kränzen und Gestecken gut aus.
Buche *Fagus*			● ○	● ○	Verarbeitet werden beim Basteln die Früchte der Buche, die Bucheckern.
Cashewnuß			●	●	Die Frucht des tropischen Nierenbau mes eignet sich für Adventsgestecke.
Chili					siehe Paprika
Clematis *(Waldrebe)*		● ○	● ○		Die Ranken der heimischen Waldrebe b sitzen schöne federartige Fruchtständ
Cochenille *(Koschenille)*	●	●	●	●	Der rote Farbstoff verschiedener Schi lausarten ist in Apotheken erhältlich.
Dahlie *Dahlia*		● ○	● ○		Die farbenprächtigen Blüten werden f Frischblumengestecke verwendet.
Dill *Anethum gravolens*		● ○	● ○		Die Dolden der Gewürzpflanze eigne sich für frische Gebinde und Sträuße
Disteln *Cirsium, Echinops, Ergynium u.a.*		● ○	● ○		Disteln sollte man vor der vollen Blü pflücken, da die Blütenstände sonst leicht auseinanderfallen.
Duftöle	●	●	●	●	In Apotheken, Bioläden und Hobbymärkten erhältlich.
Efeu *Hedera*	● ○	● ○	● ○	● ○	Die Ranken dieser Kletterpflanze sin u. a. in Kränzen dekorativ.
Eiche *Querus*		○	○		Früchte (Eicheln) und Blätter werden zum Basteln verwendet. Die Blätter v färben sich beim Trocknen.
Eier	● ○	● ○	● ○	● ○	Die Schalen von Gänse- und Hühnere ern, die von Tieren aus Freilandhaltu stammen, sind meist dickwandiger u deshalb zum Bearbeiten besser geeign
Erbsen *Pisum sativum*	●	● ○	● ○	●	Für Körnerbilder und Figurenbastelei werden häufig Erbsen benötigt.
Erdbeere *Fragaria*	● ○	● ○	● ○		Erdbeeren sollten Bestandteil eines jeden Rumtopfes sein.
Erdnuß *Arachis hypogaea*			●	●	Aus den Samenhülsen der tropischen (pflanze kann man Figürchen basteln.
Eukalyptus *(Fieberbaum)*	●	●	●	●	Was allgemein als Eukalyptusfrucht b zeichnet wird, ist in Wirklichkeit di noch nicht geöffnete Blüte.
Fackellilie *Kniphofia*		● ○	● ○		Die dunkelrot bis hellgelb gefärbten B tenstände sind der Blickfang eines jeden Gesteckes.

Materialkalender

● kaufen ○ sammeln

Material	Frühling	Sommer	Herbst	Winter	Anmerkung
arne *Pteridi-* *n aquilinum,* *. regalis u.a.*	● ○	● ○	● ○	● ○	Als Gestaltungsmaterial sind getrocknete wie frische Wedel von Zimmer- und Freilandfarnen gut geeignet.
dern	● ○	● ○	● ○	● ○	Vogelfedern kann man auf Spaziergängen sammeln, exotische Federn gibt´s in Hobbyläden zu kaufen.
tthenne					siehe Sedum
echten (siehe ch Moos)	● ○	● ○	● ○	● ○	Das Rentier- und das Islandmoos sind entgegen ihren Namen Flechten.
ieder *ringa*	● ○	● ○			Sofort nach dem Erblühen kann man die Blütenrispen schneiden und trocknen.
eesie *eesia*	● ○	● ○	● ○		Die trichterförmigen Blüten sind auch nach dem Trocknen dekorativ.
elbholz	●	●	●	●	Färbematerial, in Apotheken erhältlich.
etreide	● ○	● ○	● ○		Man schneidet Weizen, Roggen, Gerste und Hafer, bevor die Körner reif sind.
ewürznelken *igenia car.*	●	●	●	●	Die getrockneten Knospen des Gewürznelkenbaums duften angenehm.
ranatäpfel *nica*		● ○	● ○		Die Früchte des Granatapfelbaums sind frisch und getrocknet dekorativ.
räser *Agrostis,* *nnisetum,* *ragmites u.a.*	● ○	● ○	● ○		Für Trockengebinde, aber auch zum Flechten und Weben eignen sich die unterschiedlichsten Arten von Gräsern.
urke *Cucumis* *tivus*	●	● ○	● ○	● ○	Phantasievolle Mitbringsel lassen sich aus Gurken gestalten.
agebutte *osa rugosa*		● ○	● ○		In Herbstgebinden sehen Zweige mit flachkugeligen Hagebutten gut aus.
aselnuß *orylus*			● ○	● ○	Nüsse wie Zweige sind beliebtes Dekorationsmaterial. Besonders schöne Zweige besitzt die Korkenzieherhasel.
eu	● ○	● ○	● ○	●	Trockenes Heu nimmt man zum Beispiel für Figurenbindearbeiten.
irse *nicum*		● ○	● ○		Schneiden Sie Hirse zum Trocknen, sobald sich Fruchtstände gebildet haben.
olunder *mbucus*	●	● ○	● ○	●	Getrocknete Holunderbeeren benötigt man u. a. für Körner- und Beerenbilder.
opfen *umulus*		● ○	● ○		Hopfenranken mit den zapfenartigen Fruchtständen schneidet man ab Juli.
ortensie *ydrangea*	● ○	● ○	● ○		Die voll ausgereiften dekorativen Blütenköpfe eignen sich gut zum Trocknen.
gwer *ngiber*	●	●	●	●	Die Wurzelknollen finden Verwendung in Gewürzgebinden und Potpourris.

Material	Frühling	Sommer	Herbst	Winter	Anmerkung
Iriswurzel	●	●	●	●	Das Pulver ist in Apotheken erhältlich.
Islandmoos					siehe Flechten
Johannisbeere *Ribes*		● ○	● ○		Aus den Früchten wird u. a. ein schmackhafter Aufgesetzter hergestellt.
Jungfer im Grünen					siehe Nigella
Jute	●	●	●	●	Stoff oder Garn aus tropischen Jutepflanzen, deren Stengel Bastfasern liefern.
Kalixpilze					siehe Pilze
Kamille *Matricaria*	●	● ○	● ○	●	Aus Kamilleblüten lassen sich beispielsweise duftende Geschenke anfertigen.
Kartoffel *Solanum tub.*	●	● ○	● ○	●	Kartoffelknollen kann man u. a. für dekorative Mitbringsel verwenden.
Kastanie *Castanea/Aesculus*			● ○	●	Die Samen der Eß- wie der Roßkastanie eignen sich für Figurenbasteleien.
Kidneybohnen					siehe Bohnen
Kiefer *Pinus*	● ○	● ○	● ○	● ○	Zapfen und Nadeln der Kiefer sind beliebt zum Dekorieren und Basteln.
Kieselsteine					siehe Steine
Kirsche *Prunus*		● ○	● ○		Kirschen gehören zu den Früchten, die man für einen guten Rumtopf benötigt.
Klette *Arctium*		○	○		Die kugeligen Fruchtstände besitzen kleine Widerhaken.
Knoblauch *Allium sativum*	●	● ○	● ○	●	Die dekorativen Knoblauchknollen kann man in Kräuterkränze mit einbinden.
Kohl *Brassica oleracea*	● ○	● ○	● ○	● ○	Die Blätter verschiedener Kohlarten eignen sich u. a. als Tischdekoration.
Kokosgarn	●	●	●	●	Aus den Fasern der Kokosnüsse wird das rauhe, haltbare Kokosgarn hergestellt.
Koniferen *(Nadelhölzer)*	● ○	● ○	● ○	● ○	Die Zweige von Kiefer, Fichte, Tanne u. a. sind für Gestecke beliebt.
Koralle *Anthozoa*	●	●	●	●	Korallenstückchen sind in gut sortierten Blumen- und Hobbyläden erhältlich.
Körner und Kerne	● ○	● ○	● ○	● ○	Bastelmaterial sind Apfel-, Kürbis-, und Sonnenblumenkerne sowie Maiskörner, Reis, Hirse, Leinsamen und Linsen etc.
Krebspanzer *Crustaceae*	●	●	●	●	Panzer der Krustentiere sind in Delikateßgeschäften erhältlich.
Kürbis *Cucurbita*			● ○		Man nutzt die bis zu 100 kg schweren Früchte sowie die Kerne.

Materialkalender

● kaufen ○ sammeln

Material	Frühling	Sommer	Herbst	Winter	Anmerkung
Lampionblume *Physalis*			● ○		Mit Fruchtständen besetzte Zweige lassen sich gut trocknen. Vorsicht: Die "Lampions" sind schnell eingedrückt.
Lappenmoos					siehe Flechten
Lavendel *Lavandula*	● ○	● ○			Die duftenden Lavendelblüten werden in voller Blüte geschnitten. Man verwendet sie frisch und getrocknet.
Leinsamen *Linum*	●	●	●	●	Die Samen der alten Nutz- und Heilpflanze eignen sich für Körnerbilder.
Linsen *Lens exculenta*	●	●	●	●	Braune, grüne und rote Linsen kann man für Körnerbilder verwenden.
Lorbeer *Laurus*	● ○	● ○	● ○	● ○	Frisch und getrocknet sind die Blätter eine Bereicherung für Gewürzgebinde.
Lotos *Nelumbo*	●	●	●	●	Die siebartigen Fruchtstände der Lotosblume sind sehr dekorativ in Trockenblumengestecken.
Maiglöckchen *Convallaria*	● ○				Die stark duftenden Frühjahrsblumen eignen sich für zarte Brautsträuße.
Mais *Zea mays*		● ○	● ○		Die gelb bis rotbraun gefärbten Körner werden u.a. für Naturbilder verwendet.
Mate *Ilex paraguariensis*	●	●	●	●	Die Blätter der Matepflanze passen gut in Gewürzgestecke.
Miesmuschel					siehe Muscheln
Mirabelle					siehe Pflaume
Mohn *Papaver*	●	● ○	● ○	●	Mohnkapseln werden erst geschnitten, wenn die Körner beim Schütteln der Pflanze rascheln.
Mohrrübe *Daucus carota*	●	● ○	● ○	● ○	Mohrrüben können in Erntedankgebinden verwendet werden.
Monetenblätter					siehe Blätter
Moos *Leucobryum glau., Spha. sq. u.a.*	● ○	● ○	● ○	● ○	Als Füllmaterial für Gestecke und Gebinde bieten sich verschiedene Laubmoose an, die man in feuchten Wäldern und Mooren findet.
Muscheln *Bivalvia*	● ○	● ○	● ○	● ○	Die meisten hier verwendeten Muscheln können an Stränden gesammelt werden. Eßbare Muscheln und Ziermuscheln sind in Lebensmittelgeschäften bzw. Andenkenläden erhältlich.
Muskatnuß *Myristica fra.*	●	●	●	●	Die Samen des Muskatnußbaumes sind für Gewürzgestecke gebräuchlich.
Naturbast	●	●	●	●	Das Bindematerial aus Pflanzenfasern sieht auch als Dekoration hübsch aus.

Material	Frühling	Sommer	Herbst	Winter	Anmerkung
Netzblätter	● ○	● ○	● ○	● ○	Filigrane Blattaderngerippe gibt es in Blumen- und Hobbyläden zu kaufen. Durch vorsichtiges Bürsten kann man aus manchen getrockneten Blättern auch selbst welche herstellen.
Nigella *(Jungfer im Grünen)*		● ○	● ○		Die Balgkapseln werden gern für Gebi de und Gestecke aller Art verwendet.
Nüsse	●	●	● ○	●	Durch ihre gute Lagerfähigkeit sind vi le Sorten einheimischer und exotisch Nüsse das ganze Jahr über erhältlich.
Oliven *Olea*	●	●	●	●	Die Früchte des Ölbaums sind auch a eßbare Dekorationen nützlich.
Orange *Citrus sinensis*			●	●	Orangen eignen sich gut für weihnach liche Duftgebinde.
Palme *Palmae*	● ○	● ○	● ○	● ○	Dekorativ sind die frischen und getrockneten Blätter verschiedener Palmen sowie getrocknete Palmrinde.
Paprika *Capsicum annuum*		●	●	●	Die grünen, gelben und roten Schote sehen gut in einem Gemüsegebinde au Auch die getrockneten Kerne kann ma für Bastelarbeiten verwenden.
Peddigrohr	●	●	●	●	Peddigrohr und Peddigschiene sind ir Hobby- und Bastelläden erhältlich.
Perlmuttmuschel					siehe Muscheln
Petersilie *Petroselium cris.*	● ○	● ○	● ○	● ○	Petersiliensträuße dürfen in keinem G binde aus frischen Kräutern fehlen.
Pfefferminze *Mentha pip.*	● ○	● ○	● ○		Verwendung findet die angenehm du tende Pflanze u. a. im Kräuterkranz.
Pfirsich *Prunus persica*		● ○	● ○		Einwandfreie Früchte sind zum Beispi für einen Rumtopf ideal.
Pflaume *Prunus domestica*		● ○	● ○		Aus Pflaumen und Mirabellen lassen sich Liköre herstellen. Aus Trockenpflaumen bastelt man knorrige Figure
Pilze *Trametes, Fomes, Phellinus*	●	● ○	● ○	●	Heimische Pilze sammelt man im Spä sommer und Herbst. Exotische Trocke pilze sind in Hobbyläden das ganze Ja über erhältlich.
Pistazie *Pistacia*			●	●	Die Schalen eignen sich ergänzend fü viele Basteleien aus Naturmaterialien
Radieschen *Raphanus sa.*	● ○	● ○	● ○	● ○	Ein Blickfang in frischen Gestecken a Gemüse und Obst sind Radieschen.
Reis	●	●	●	●	Verschiedene Langkorn-, Milch- und N turreissorten werden beispielsweise f Körnerbilder verwendet.

MATERIALKALENDER

● kaufen   ○ sammeln

Material	Frühling	Sommer	Herbst	Winter	Anmerkung
'ettich *Rapha-us sativus*	● ○	● ○	● ○	● ○	Aus den weißen Rüben lassen sich lustige Mitbringsel gestalten.
'ose *'osa*	● ○	● ○	● ○		Frisch und getrocknet finden Rosen in floristischen Arbeiten Verwendung.
'otholz	●	●	●	●	Färbemittel, in Apotheken erhältlich.
uskus *'uscus*	●	●	●	●	Getrocknete Zweige lassen sich das ganze Jahr über verarbeiten.
and	● ○	● ○	● ○	● ○	Am schönsten sind die von Urlaubsküsten selbst mitgebrachten Sande. Fein-, mittel- und grobkörnige Sande sind auch im Bau- und Gartenfachhandel erhältlich.
auerkirsche					siehe unter Kirschen
chachtelhalm *'quisetum*	● ○	● ○	● ○	● ○	Die immergrünen Stengel geben Gestecken ein exotisches Aussehen.
chafgarbe *.chillea*	● ○	● ○			Zum Trocknen hängt man Bündel von 10 Stielen an einer schattigen Stelle auf. Vorher die Blätter abstreifen.
chafwolle	●	●	●	●	Ungesponnene Schafwolle ist in Handarbeits- und Bastelgeschäften erhältlich.
chilf *hragmites*			● ○	● ○	Die Blütenrispen des Schilfrohres werden geschnitten, wenn sie noch einen violetten Schimmer haben.
chleierkraut *'ypsophila*	● ○	● ○	● ○	● ○	Getrocknete Zweige sind hübsch in Sträußen und Gestecken aller Art.
chnecken-äuser		○	○		Schöne Schneckenhäuser findet man meist im Spätsommer und Herbst.
chnecken-uschel					siehe Muscheln
choten	● ○	● ○	● ○	● ○	Getrocknete Schoten benötigt man häufig für Gestecke und Naturbilder.
chusterpalme					siehe Aspidistra
edum *'etthenne)*	● ○	● ○	● ○	● ○	Die Blüten sind für Frischblumengestecke geeignet. Frucht- und Samenstände lassen sich leicht trocknen.
eepferdchen nd See-ockengehäuse					siehe Seesterne
eesterne	● ○	● ○	● ○	● ○	Seesterne, Seepockengehäuse, und Seepferdchen kann man an Stränden sammeln. Besonders schöne Exemplare sind auch in Andenkenläden erhältlich.
enf *'napis alba*	●	●	●	●	Die Körner eignen sich für Naturbilder.

Material	Frühling	Sommer	Herbst	Winter	Anmerkung
Sesamkörner	●	●	●	●	Sesamkörner werden u.a. für Körnerbilder und Figurenbasteleien aus Naturmaterialien verwendet.
Sonnenblume *Helianthus*		● ○	● ○		Die großen Blüten sind frisch wie getrocknet der Blickfang in Sträußen und Gestecken.
Speisehirse					siehe unter Hirse
Statice *(Meerlavendel, Strandnelke)*	● ○	● ○	● ○	●	Diese Pflanze läßt sich leicht trocknen und ist dann unabhängig von der Jahreszeit verwendbar.
Steine	○	○	○	○	Interessante Steine können auf Spaziergängen gesammelt werden.
Strohhalme	●	●	●	●	Naturstrohhalme und Langstroh sind in Bastelgeschäften erhältlich.
Tanne *Abies*	● ○	● ○	● ○	● ○	Nadeln und Zweige werden für Basteleien und dekorative Gestecke verwendet.
Tomate *Lycopersicon*	●	● ○	● ○	●	Aus Tomaten lassen sich u. a. hübsche eßbare Tischdekorationen anfertigen.
Veilchen *Viola*	● ○	● ○			Getrocknete Veilchen sind ideal für Potpourris und Duftbeutel.
Wacholder *Juniperus*	● ○	● ○	● ○	● ○	Zweige und Beeren nutzt man für Gebinde, Figurenbasteleien und Naturbilder.
Walnuß *Juglans*			● ○	● ○	Halbe Schalen sowie ganze Nüsse verwendet man u. a. für Figurenbasteleien.
Weide *Salix*	● ○	● ○	● ○	● ○	Weidenruten werden vor allem zum Flechten von Körben benötigt.
Weinrebe *Vitis*		● ○	● ○		Mit Trauben besetzte Ranken können zu Tischdekorationen verarbeitet werden. Das Weinlaub ist frisch wie getrocknet dekorativ.
Zapfen			● ○	● ○	Für Herbst- und Weihnachtsgestecke verwendet man Zapfen aller Art wie z. B. Fichten-, Kiefern- und Lärchenzapfen.
Ziergras					siehe Gräser
Zimt *Cinnamomum*	●	●	●	●	Die aus der getrockneten Rinde des tropischen Zimtbaumes gewonnenen Stangen nimmt man gern für Gewürzgebinde.
Zucchini *Cucurbita pepo*		● ○	● ○		Die gurkenartige Gemüsepflanze eignet sich für originelle Dekorationen.
Zwetschge					siehe Pflaume
Zwiebel *Allium cepa*	● ○	● ○	● ○	● ○	Die Schalen werden oft zum Eierfärben benötigt; Silberzwiebeln können zu eßbaren Tischdekorationen werden.

Zum gleichen Themenbereich sind im FALKEN Verlag bereits erschienen: „Trockenblumen" (Nr. 643), „Duftsträuße und Potpourris" (Nr. 1239), „Blumen liebevoll arrangieren" (Nr. 1157) und „Potpourris" (Nr. 5265).

Die Deutsche Bibliothek – CIP-Einheitsaufnahme

Dekorieren und Gestalten mit Naturmaterialien / Elke Dommershausen ...
– Niedernhausen/Ts. : FALKEN, 1994
ISBN 3-8068-4748-7
NE: Dommershausen, Elke

DIE AUTORINNEN UND IHRE BEITRÄGE

Elke Dommershausen: Seite 26-29, 36/37, 44-51, 62-65, 76/77, 88-91, 104/105, 108/109, 112/113.
Heike Grob: Seite 14/15 (Nest), 18/19, 78/79, 84/85, 114-123.
Jane Hase: Seite 10-13, 16/17, 20/21, 34/35, 74/75, 86/87, 92-95, 98-103, 106/107.
Claudia Hüfner: Seite 52-55, 66/67, 82/83.
Hedwig Sinner: Seite 96/97.
Doris Velte: Seite 14/15 (Eier), 24/25, 30-33, 38/39, 42/43, 56/57.
Sigrid Wetzel-Maesmanns: Seite 60/61, 68-73.

ISBN 3 8068 4748 7

Umschlaggestaltung: Jürgen Szillat
Gestaltung: Horst Bachmann
Redaktion und Textbeiträge:
Yvonne Thalheim, Herne; Regine Felsch (Red.)
Herstellung:
Harald Nadolny, Herne; Michael Greiss
Titelbild und Fotos:
Photo-Illustrations Ltd., Jersey
S. 93: FALKEN Archiv
Zeichnungen: Daniela Schneider, Frankfurt

Satz: Team Nadolny, Herne
Druck: Ernst Uhl, Radolfzell

817 2635 4453 6271